's weihnächtet

Für Vatr und Muattr

Johanna Hofbauer

's weihnächtet

Franz Brack Verlag, Altusried

Texte: Johanna Hofbauer
Lindenstraße 2, 87647 Oberthingau
Telefon 0 83 77/12 13

Umschlag und Illustrationen: Hans Holzmann

Alle Rechte vorbehalten
1. Auflage
ISBN 3-930323-46-X
© 2003 Franz Brack Verlag
Zugspitzstraße 2a, 87452 Altusried
Telefon 0 83 73/92 05-20
www.brack-verlag.de

INHALTSVERZEICHNIS

Advent, Advent

Gruabars Vroni und ihr Willibald
hand an Bua, erscht vier Johr alt.
Des Mäxla duat scha ganz nett senga
und d' Vroni – stolz – duat's eahm beibringa.

Sie zeigt em Bua dann im Advent,
wia's erschta Kezla herrlich brennt,
am Adventskranz, wunderschea,
a passends Liad duat's do o gea.

Advent, Advent, ein Lichtlein brennt.
Erst eins, dann zwei, dann drei, dann vier,
dann steht das Christkind vor der Tür.

Des Bübla ka des Liad scha bald
und durch d' Stuba dann erschallt:
„Advent, Advent, ein Lichtlein brennt."
Mei, isch dia Vroni stolz aufs Kend
und Willibald isch fichtig gscheid,
des Mäxla macht eahm so viel Freid.
„Dea kommt noch mir", so set a stolz,
dea Bua, dea isch aus meinem Holz.

Am Obat isch es nochat gwea,
d' Vroni hockt grad bei am Tee
in dr Kucha mit em Ma,
beida lugat d' Zeitung a.

Dr Max kommt aus dr Stuba grennt
„Advent, Advent, dr Adventskranz brennt!"
„Noi, noi, set d' Vroni zua deam Kend,
Advent, Advent, ein Lichtlein brennt.
Doch unbeirrt des Bübla sengt:
„Advent, Advent, dr Adventskranz brennt!"

Dr Willibald set zua seim Weib:
„Lern eahm des Liad doch 's nächst Mol gscheit."
„Weisch Mäxla, 's heißt, ‚ein Lichtlein brennt'",
so set a nochat no zom Kend.

„Noi, noi", set do des Mäxla glei,
„es duat scha dr Adventskranz sei,
und o dr Tisch, dea brennt scha mit,
Papa, globsch du mir des it?"

7

Dr Adventskranz

's isch Weihnachtszeit, wia jeds Johr meah,
an Weihnachtsmarkt hot's huir o gea.
Mit Lichterglanz und viela Ständ,
a Karussell o no für d' Kend.

D' Rosina dapt, wia all dia Leit,
von Stand zua Stand, luagt was alls geit.
An oiner Buda bleibt sa stauh,
lauter Adventskränz deand sa hau.

Oir deicht d' Rosl bsonders schea,
roata Keza und 's Daas so grea.
Zmol buckt sich d' Rosl seitwärts na,
mit oiner Hand stemmt sa sich a
und luagat seitlich unda rauf
zu deam scheana Adventskranz nauf.

Dia Frau hinter dr Buda dinn,
dia frogat glei, ob ebbs it stimm.
D' Rosl hangat ganz schebbs det
und hot no zua der Frau nauf gredt.

Noi, noi, bei ihr, do däb's scha stimma,
sie luagat bloß auf d' Kezalänga.
Dea Kranz käm auf da Stubadisch,
welcher glei vor em Sofa isch.
Am Obat flackat do ihr Ma
mit Blick zom nuia Fernseh na.

Wenn ietz dia Keza auf deam Kranz
ver Länga passat it so ganz,
no seiat dia allat im Blick,
des häb dr Ma so fichtig dick.

9

Berta und Schorsch am 1. Adventssonntag

Schorsch: Berta, was mechtsch ietz du auf Weih-
nächta gschenkt?

Berta: Mei Schorsch, i brauch doch nix.

Schorsch: Ebbas wiasch doch wohl braucha kenna.

Berta: Dia Schenkarei isch ja eigentlich sowie-
so a Schmarra, ma koft sich doch sell 's
ganz Johr, was ma braucht.

Schorsch: Aber irgendebbas wiasch wohl no
braucha.

Berta: Schorsch, i wießt wirkla it was.

Schorsch: Guat, wenn d' nix willsch, no kriagsch
hald huier nix.

Berta: Nix?

Schorsch: Na, nix!

Berta: Du willsch mir huier nix schenka, ja dass
da na grad bloß drausch. Schämscht da
denn gar it.

Schorsch: Du hosch doch grad no gset, dass du
nix brauchsch.

Berta: Dass da na it schämsch. I koch, butz und
wäsch 's ganz Johr für di und du
schenksch mer it amol ebbs z' Weih-
nächta.

Schorsch: Herrschaftzeiten, Berta, du hosch doch
grad gset, du brauchsch nix. Aber von
mir aus, no schenk dr hald ebbas.

Berta: Bemüh di it, ietz will i sowieso nix meah.
Denn wenn du mir it gera ebbas geisch,
no loss na grad sei.

Schorsch: Koi Mensch hot gset, dass i dir it gera ebbas schenk, du wolltsch doch nix.

Berta: Ja, ja, ietz dreh's na meah so na, wia d's grad brauchsch.

Schorsch: I dreh gar nix, dea wo alls verdreht, bischt scha du.

Berta: I mecht oimol erleaba, dass du nochgeisch.

Schorsch: Und i mecht bloß wissa, wea bei eis allat nochgeit. Beim Aldi hand sa grad Kaffeemaschina.

Berta: Wia kommsch ietz do druff?

Schorsch: I hau denkt, für di auf Weihnächta.

Berta: A Kaffeemaschi, des hosch mer doch vor zwei Johr erscht oina gschenkt.

Schorsch: Du hosch letschte gset, dass Kaffeemaschi nemma rar sei.

Berta: Vor vier Johr hau i o scha oina kriat.

Schorsch: Ka i drfür, dass dia allabot verreckat. I mach sa it hi.

Berta: Ja, i vielleicht? Wea trinkt denn bei eis da meischta Kaffee?

Schorsch: I gwieß it, vielleicht deine Freundinna.

Berta: Ietz sottat me meina Freundinna heahalta. Dei Muattr kommt doch allat zom Kaffee.

Schorsch: Lass d' Mama aus em Spiel. Des Tässla Kaffee all Wucha wiasch ihr wohl no vergonna.

Berta: All Wucha? Dass i it lach, fascht all Tag kommt dia drhea.

Schorsch: Mei Mama kümmrat sich wenigstens um mi, was ma von dir it behaupta ka.

12

Berta:	Kümmra? Dass i it lach, verhätschala duat sa di, wia a klois Kend.
Schorsch:	Du kenntsch mi ja o a bissla verwöhna, mir zom Beispiel da Kaffee am Morga ans Bett bringa.
Berta:	Do bricht i scha erscht amol a gscheita Kaffeemaschi.
Schorsch:	Grad hau i gset, i schenk dr oina auf Weihnächta.
Berta:	Ach ja, du machsch mir a Gschenk, wo i dann bloß a Arbat hätt und du 's Vergnüga.
Schorsch:	Gut, dann kriegsch hald koi Kaffeemaschi.
Berta:	I konnt ja dir a Kaffeemaschi schenka.
Schorsch:	Was, mir a Kaffeemaschi schenka, i bin doch koi Weib, was dät denn i mit ar Kaffeemaschi? I schenk dir ja o koi Bohr-maschi.
Berta:	Na, du schenksch mir ja überhaupts nix.
Schorsch:	Weil du gset hosch, dass du nix brauchsch.
Berta:	Des hau i bloß gset, weil i scha gwisst hau, dass du mir meah a Kaffeemaschi schen-ka willsch, wia jeds Johr.
Schorsch:	Wia all zwei Johr moinsch wohl.

(Im Nebenzimmer klingelt das Telefon. Schorsch ver-lässt das Zimmer, kommt aber gleich wieder zurück.)

Berta:	Wea war am Telefon?
Schorsch:	Des war bloß d' Mama.
Berta:	Und was wollt sa?
Schorsch:	Sie wollt bloß wissa, ob du amend auf Weihnächta a Kaffeemaschi mechtascht!

Ein Weihnachtswunsch

Es war in der Zeit um den ersten Advent. Die Brüder Florian und Anton spielten in ihrem gemeinsamen Zimmer, als die Mutter zu ihnen kam. „Na, ihr zwei", sagte sie, „habt ihr nun schon überlegt, was ihr euch vom Christkind wünscht?"

Der achtjährige Florian schaute seinen Bruder, der zwei Jahre älter war, an. Er hoffte, dass Anton der Mama antworten würde. Schließlich war Anton der ältere der Brüder. Natürlich wussten die beiden schon lange, was sie sich wünschten. Aber es war eben kein ganz gewöhnlicher Wunsch, den die beiden hatten. Anton schaute hilfesuchend zu Florian, aber er wusste sehr wohl, dass dieser erwartete, er würde der Mama antworten. „Ja", sagte er deshalb. „Wir hätten schon einen Wunsch, einen sehr großen Wunsch. Nur einen einzigen. Wir wünschen uns, dass Papa heuer wieder am Heiligen Abend mit seiner Gitarre spielt und wir alle dazu singen, so wie früher." Anton senkte den Kopf, er fühlte sich im Moment nicht besonders wohl, was würde die Mama wohl sagen. „Ach Kinder", meinte die Mutter, „wenn das so einfach wäre. Ich kann euch ja verstehen, aber ich glaube nicht, dass das geht und dass es eine gute Idee wäre." Sie sah sehr traurig aus, als sie zurück ins Wohnzimmer ging.

Früher, als die Familie noch zusammen war, spielte der Vater immer am Heiligen Abend mit der Gitarre Weihnachtslieder und alle sangen dazu. Mutter, Vater, Anton und Florian. Aber seit zwei Jahren

wohnte Vater nicht mehr hier. Die Kinder konnten
das nicht verstehen. Es war doch immer so schön
gewesen, wenn alle zusammen waren. Doch plötz-
lich stritten sich die Eltern nur noch. Warum, das er-
zählten sie den Buben natürlich nicht. Um irgend-
eine junge Sekretärin ging es bei dem Streit und
dass die Mama ein Hausmütterchen sei. Einen
alternden Schönling im zweiten Frühling nannte da-
für die Mama den Papa und dann zog er irgend-
wann aus.
Jedes zweite Wochenende besuchten die Kinder
nun den Papa in der neuen Wohnung. Die ersten
Monate war auch immer die blonde Anita da, aber
sie wohnte nun schon länger nicht mehr bei Papa.
Die beiden Buben wünschten es sich so sehr, dass
der Vater wieder zu Hause wohnen würde.
Am Wochenende, nach dem Gespräch mit Mama,

waren Florian und Anton wieder einmal beim Vater. Sie gingen am Samstag ins Kino und danach zum Pizzaessen. Vor dem Zubettgehen fragte auch Papa nach den Weihnachtswünschen. „Dieses Mal bist du dran", meinte Anton leise zu Florian. „Papa, wir haben nur einen einzigen Wunsch und der kostet auch nichts", begann Florian. „So, so", lachte Papa. „Da bin ich aber ganz schön gespannt. Es kostet nichts, was ihr euch wünscht, was kann das wohl sein?" „Anton und ich wollen, dass du am Heiligen Abend zu uns kommst und mit deiner Gitarre spielst, damit wir zusammen singen können. Du könntest dann auch ruhig länger bei uns bleiben, vielleicht sogar für immer."

Nun lachte Papa nicht mehr. Er wurde sehr ernst. „Ich weiß nicht", meinte er, „eure Mutter würde das wohl nicht mögen." Dann verließ er das Zimmer. Die beiden Buben wurden sehr nachdenklich. Vielleicht war es doch nicht richtig gewesen, mit den Eltern über ihren großen Wunsch zu reden. Die Erwachsenen machten sowieso immer alles so kompliziert.

Die Wochen vergingen schnell und schon war der 24. Dezember da. Am Nachmittag halfen die beiden Buben beim Aufstellen und Schmücken des Christbaumes, dann mussten sie in ihr Zimmer, um auf die Bescherung zu warten. Die beiden waren nicht besonders fröhlich. Sie hatten sich ja außer dem Besuch des Papas nichts gewünscht und der würde wohl eher nicht kommen. Jedenfalls hatte die Mutter kein Wort mehr über diesen Wunsch verlauten lassen. Vielleicht bekamen sie ein ferngesteuertes

Auto, rätselten die Buben. Wann endlich würde das Christkind mit dem Glöckchen läuten. Aber nein, da läutete es an der Haustüre. Das Christkind würde das wohl nicht sein. Anton öffnete die Zimmertür einen Spalt und spitzelte hinaus, obwohl das verboten war. Sofort schloss er die Tür wieder und dann fiel er seinem Bruder um den Hals. „Florian, Florian, ich habe Papas Gitarrenkoffer gesehen."

Da hörten sie auch schon das Glöckchen vom Christkind und die beiden liefen aus dem Zimmer. Mama öffnete die Wohnzimmertür und da stand Papa mit seiner Gitarre. Sofort begann er zu spielen, „Stille Nacht, Heilige Nacht". Mama und er sangen dazu und freudestrahlend stimmten Anton und Florian mit ein.

So schön hatte dieses Lied noch in keinem Jahr geklungen. So schön war es an Heilig Abend noch nie. Auch Geschenke gab es noch, obwohl doch der Papa schon da war. Ein ferngesteuertes Auto für jeden der zwei. Nach der Bescherung aßen sie gemeinsam. Papa lachte und sagte, wie schön er es fände, wieder einmal hier zu sein. Dabei sah er die Mama ganz lieb an.

Später, als die Buben im Bett lagen, fragte Florian seinen Bruder: „Meinst du, dass Papa über Nacht dableibt?" Anton wusste es nicht, aber er meinte, wenn ja, dann könnte das ein Zeichen sein, dass Papa wieder ganz zurückkäme.

Am nächsten Tag beim Frühstück war Papa noch da. Florian schaute seinen Bruder an, lachte und sagte ganz leise zu ihm: „Das ist bestimmt das schönste Weihnachtsfest in meinem ganzen Leben."

Rosmaries Wunschzettel

Liabs Christkindla, 's isch meah so weit,
all Johr schreib i an Briaf wia heit.
I hoff, du bisch huir it so kähl,
dass i mol richtig zfrieda wär.

Vo meina Wünsch im letschta Johr,
des kommt mer frei scha gschpässig vor,
hosch 's meischta total ignoriert,
hau bei weitem it alls kriat.

Losa, was i huir alls bricht,
wenn mer's bringsch, no bin i gricht.
An Puppawaga, mittelblau,
und zwei Puppa sott i hau.
Oina, dia wo reda ka,
mit am roata Kleidla dra,
dia ander, dia sott o was kenna,
konntscht o no a dritta bringa.

A Puppakucha und a Gschirr,
an Puppakaschta mit ar Tüar.
Schlittschuah und no nuia Schi,
dr Schlitta, dea wär o no hi,
drom sott i o an nuia hau
und an Schiazug, schea blau.

A Flöta und a Xylofon,
für mi a eigas Telefon,
an nuia Mantl und no Schuah,
Händscha und an Schal drzua.

A Spielesammlung und an Ball,
an Radio auf jeden Fall,
Bücher, Farbstift, Molpapier,
a Kätzla oder sonscht a Tier.
Vielleicht a Pony oder Pferd,
a Kutsch drzua wär it verkehrt.

So, Christkindla, des wär's no gwesa,
dua mer it meah 's meischt vergessa!

Liebe Grüße, deine Rosmarie!

Der Nachbar

Peter Hagener wohnte schon Zeit seines Lebens in dem kleinen beschaulichen Dorf im Allgäu. Er war schon fast achtzig Jahre alt und seit vielen Jahren Witwer. Kinder hatte er keine. In früheren Jahren hatten er und seine Frau das sehr bedauert, doch schon seit längerer Zeit war er eigentlich sehr froh über seine Kinderlosigkeit. Umso älter er wurde, umso weniger konnte er mit den jungen Menschen, die in seiner Nähe wohnten, etwas anfangen.

Leider wohnten sehr viele junge Leute in seiner Nachbarschaft. Er stritt zwar mit keinem seiner Nachbarn, aber mehr als einen kurzen Gruß hatte er für keinen seiner Mitmenschen übrig. Sein einziger Ansprechpartner war seine Mischlingshündin „Leila". Mit ihr machte er jeden Nachmittag einen langen Spaziergang. Hagener wollte keinen Kontakt zu anderen Menschen, er wollte in Ruhe gelassen werden. Ein freundliches Gespräch am Gartenzaun von Seiten der Nachbarn wiegelte Hagener sofort ab, indem er sich umdrehte und ging.

Die meisten Nachbarn hielten sich fern von dem komischen Kauz.

Gleich im Haus nebenan wohnte die Familie Roder mit drei Söhnen. Sie waren im Alter zwischen sechzehn und dreiundzwanzig Jahren. Der Lärm der Autos und Mopeds dieser Jungen und derer Freunde waren Hagener ein Dorn im Auge. Auch das Gejohle der Jugendlichen konnte er nicht ertragen. So schweigsam der alte Herr sonst auch war, sobald etwas Lärm aus dem Garten seiner Nachbarn herüberdrang schimpfte Herr Hagener über die „missratene Brut" und beschwerte sich bei Frau Roder. Immer wieder bat die Nachbarin um etwas Verständnis. Es seien doch junge Menschen und da ginge es eben etwas lauter zu, das sei doch ganz normal. Verständnis, das war mit Sicherheit das Letzte, das Peter Hagener hatte.

Die drei Jungen, Thomas, Markus und Andreas waren nicht gut auf den alten Herrn zu sprechen und hatten schon manchen Plan ausgeheckt, um den Alten zu vergraulen. Frau Roder versuchte immer wieder die Wogen zu glätten und bat ihre Jungs, doch etwas Nachsicht mit dem alten Mann zu haben. Er war eben sehr einsam und da konnte man schon etwas seltsam werden.

An einem schönen Herbstabend bastelten die drei wieder einmal an ihrem alten Mofa. Beim Prüfen des Motors heulte dieser fürchterlich auf. Andreas gab Gas und der Motor heulte erneut in den schrillsten Tönen. „Jetzt wird gleich der Alte von nebenan auflaufen", lachte Markus schadenfroh. Doch selbiger kam nicht. „Das ist ja mehr als merkwürdig", sagte Andreas, „ist der Alte verreist oder gestorben?" Alle drei lachten. Doch plötzlich verstummten sie, weil ihnen bewusst wurde, was Andreas da eben gesagt hatte. „Habt ihr den Hagener eigentlich heute Nachmittag mit dem Hund gesehen?", überlegte Thomas.

Keiner konnte sich erinnern, ihn gesehen zu haben. Hoffentlich war ihm nichts zugestoßen. Andreas ging zu seiner Mutter, um sie zu fragen, ob sie den

21

alten Herrn gesehen hatte. Aber auch Frau Roder konnte sich nicht erinnern, ihn gesehen zu haben.
„Ich werde am besten mal hinüberschauen", meinte Frau Roder. Sie ging durch den Nachbargarten und klingelte an der Haustüre. Lautes Bellen erklang, aber niemand öffnete. „Herr Hagener, Herr Hagener", rief Frau Roder, klopfte gegen die Tür, aber nichts rührte sich, nur der Hund bellte unaufhörlich. Die Jungen und Frau Roder liefen nun ums Haus, schauten durch jedes Fenster und riefen nach dem alten Mann. Endlich bemerkte Andreas etwas hinter dem Küchenfenster. Der alte Hagener lag am Boden und rief mit leiser Stimme um Hilfe. Für die Jungs war es kein Problem, das veraltete Schloss an der Haustüre aufzubekommen.
Der alte Mann lag weinend am Boden, er hatte sich vermutlich das Bein gebrochen. Er war noch im Schlafanzug und erzählte, dass er heute Nacht aufgestanden sei, weil er nicht schlafen konnte und sei dann in der Küche gestürzt. Er lag bereits über zwölf Stunden am Boden und war schon unterkühlt. Der herbeigerufene Krankenwagen brachte Herrn Hagener ins Krankenhaus, nachdem ihm Familie Roder erklärt hatte, sich um Leila, die Hundedame zu kümmern. „Wir werden uns abwechseln und täglich mit ihr spazieren gehen, keine Bange Herr Hagener", rief Thomas dem alten Herrn noch zu.
Zwei Tage später besuchte Frau Roder ihren Nachbarn im Krankenhaus. Sie erfuhr, dass er einen Oberschenkelhalsbruch von seinem Sturz davongetragen hatte. Herr Hagener begann zu weinen, als er seine Nachbarin sah. „Ich schäme mich ja so",

begann der alte Mann, „was hätte ich nur getan, wenn Sie mich nicht gesucht und Ihre Jungs sich nicht Gedanken um mich gemacht hätten." Frau Roder lachte und meinte, „auch nur, weil ihnen Ihr Schimpfen abgegangen ist". Herr Hagener lachte mit und versprach sich zu ändern. „Ich bin halt ein alter Querkopf und habe wohl schon zu lange alleine gelebt. Vielleicht bin ich auch neidisch, auf Ihre Familie und Ihre Kinder. Bestimmt wäre mein Leben anders gelaufen, hätte ich auch Kinder gehabt." Das Nachbarschaftsverhältnis änderte sich wirklich. Der Alte hatte sich sogar mit den Jungs angefreundet und auch mit den anderen Nachbarn pflegte er nun hin und wieder ein Schwätzchen.

Karlis Wunschzettel

Liabs Christkindla, i schreib dir heit,
sei so guat, mach mer dia Freid.
I bin bei eis dohoi im Haus
's oizag Kend, des hältsch it aus.

Oma, Opa und o d' Senz
machat allat solcha Tänz.
Em Papa helfa Brennholz beiga,
na, des duat mer scha verdleida.

D' Mama schimpft bloß mi alloi,
denn andra Kend, des ham mer koi!
Sei so guat und schenk mer huier,
i denk, des isch doch o it duier,

a Gschwischterla, des wär doch nett,
koi groaßa Aschprich i it hätt.
Ob Bua, ob Fehl, bring grad was d' hosch,
Hauptsach, wenn oins bei eis losch.

Dein Karli

Ein Jahr später ...

Liabs Christkindla, i schreib meah heit,
mir send dohoi an Haufa Leit.
Dr Papa, d' Mama und no d' Senz,
Oma, Opa, dr Kneacht Wenz!

Dia Liesbeth hätt's frei doch nem braucht,
mei, des Theater, wia des schlaucht.
Liesbeth rom und Liesbeth nom,
i ka dr sa, des wiad mer z'domm.

Helfa ka sa no koi bissla,
jeden Tag glei d' Hos verschissa.
No lobat ma sa no drzua,
wenn i des dät, gang mer na zua!

Na, Christkendla, dia holl na meah,
des Leaba isch so nemma schea.
Du, bring sa doch zua Beslars Sepp,
dea haut mi allat, dieser Depp!!

Danke, liebes Christkind, dein Karli

Berta und Schorsch am 2. Adventssonntag

Schorsch: Du, Muattr, wia mach mer's denn am Heiliga Obat?

Berta: Was moinsch?

Schorsch: Wia mer's am Heiliga Obat machat, hau i gmoint.

Berta: Wia wer mer's scha macha, so wia all Johr. Zerscht dond mer Obatessa, no, wenn Kend kommat, mach mer d' Bescherung und wenn dia meah fut send, luag mer a bissla Fernseh, bis zur Christmetta.

Schorsch: Was geit's no zom Essa?

Berta: Broatwischt!

Schorsch: Scha meah!

Berta: Was heißt do – scha meah?

Schorsch: Weil's all Johr am Heiliga Obat Broatwischt geit.

Berta: 's isch ja o all Johr meah Heilig Obat.

Schorsch: Desweaga muass doch it all Heilig Obat Broatwischt gea.

Berta: Ja, was soll's no gea?

Schorsch: Des weiß i o it, aber hald it all Heilig Obat Broatwischt.

Berta: Du duasch grad, als wenn all Tag Heilig Obat wär.

Schorsch: Des ging mer ja grad no a, no dät's ja all Tag Broatwischt gea.

Berta: Wenn all Tag Heilig Obat wär, no dät's doch it all Tag Broatwischt gea.

Schorsch: Ach so, no dätsch o amol ebbs anders
kocha?

Berta: Ja freila!

Schorsch: Sag amol Berta, muass ietz des erscht all
Tag Heilig Obat wära, dass du amol ebbs
anders kochsch, wia allat bloß deina
bleda Broatwischt.

Berta: Was heißt ietz do – meina bleda Broat-wischt – des send doch it meina Broat-wischt.

Schorsch: Vielleicht dia meina?

Berta: (Weinerlich) Ietz geit's dia bei eis seit dreißg Johr am Heiliga Obat und ietz dätascht du zmol saga, du willsch koina Broatwischt meah. Des wär ja so, wia wenn du saga dätsch, du willsch koi Be-scherung meah.

Schorsch: Wega mir bricht mer koi Bescherung macha. I hau Krawatta gnua.

Berta: Was heißt do – i hau Krawatta gnua? – Du duasch grad so, wie wenn i dir all Johr a Krawatta gschenkt hätt.

Schorsch: I wusst nix anders it.

Berta: 's letscht Johr hau dr ebbas anders gschenkt.

Schorsch: Was no?

Berta: Des weiß ietz i o nemma, hald ebbs anders!

Schorsch: I wisst nix anders, als wia a Krawatt und Broatwischt.

Berta: Fangscht scha meah mit deina saubleda Broatwischt a.

Schorsch: Warum redsch ietz du von meina Broat-wischt? Du machsch doch all Johr Broat-wischt.

Berta: Und du hosch as no all Johr gessa.

Schorsch: Ja, was hätt i sonscht drmit do solla? Hätt i's in dr Christmetta opfra solla. Viel-leicht für Adveniat?

Berta:	Dia Heidakind in Afrika wärat froah, wenn sa solcha guata Broatwischt krutat.
Schorsch:	Dia miassat's ja o it all Heilig Obat essa.
Berta:	Dia dätat's sogar all Obad essa, wenn s'es na grad bloß krutat.
Schorsch:	No trag's na hald na, no bricht's i it essa.
Berta:	Du bisch a so a unverschämts Mannsbild, seit dreißg Johr mach i dir da Haushalt und ietz, wo i älter wer, willsch mi loshau.
Schorsch:	Was redsch denn für an Schmarra, wiaso will i di loshau?
Berta:	Hosch du gset, i soll auf Afrika gauh oder it?
Schorsch:	Aber doch it, dass da los hau, sondern bloß wegs da Broatwischt.
Berta:	Ja, ja, ietz sottat meah dia Broatwischt heahalta, bloß weil du a anders Weib hosch!
Schorsch:	Was redsch denn, warum sott i a andra hau?
Berta:	Weil du mi auf Afrika schicka willsch. Aber ois ka dr saga, no suach i mir o an andra. Dia Negar seiat ganz stramme Burscha.
Schorsch:	Soll des heißa, dass i dir nemma guat gnua bin? Muass ietz scha a Negar hea.
Berta:	Du willsch as ja it anderscht. I ka ja da Heiliga Obat o mit am Negar feira!
Schorsch:	Von mir aus, dua doch was, d' willsch, aber ois ka dr saga, meina Broatwischt isst mer dea Negar it!

29

Der gestohlene Christbaum

Anton Moser war einer der größten Bauern des Dorfes. Er war Ortsobmann, Mitglied des Pfarrgemeinderats und natürlich im Gemeinderat.

Es war der 19. Dezember und Moser machte sich, bewaffnet mit einer Axt, auf zu einem Spaziergang durch den Wald. Es war an der Zeit, einen Christbaum zu besorgen. Sein Wald war einer der größten von allen Wäldern der Bauern des Dorfes.

Moser hielt sich nur kurz im eigenen Wald auf. Warum sollte er einen Baum im eigenen Wald fällen. Gleich neben seinem Waldgrundstück begann das Grundstück des Bürgermeisters Karl Steger. Das kam Moser sehr gelegen. Seine Wut seit der letzten Gemeinderatssitzung war noch nicht ganz verraucht. Einen Querulanten hatte ihn Steger genannt, weil er als Einziger gegen den Vorschlag des Bürgermeisters stimmte.

Den Querulanten würde er dem schönen Steger schon heimzahlen. Wenn erst mal Stegers Baum in seiner Stube stand, würde ihm das täglich eine Genugtuung sein. Abgesehen davon war es für Moser schon Tradition, den Christbaum zu stehlen. Erst kürzlich beim Frühschoppen im goldenen Hirsch hatte er es lautstark am Stammtisch verkündet. Ein Weihnachten ohne gestohlenen Christbaum sei für ihn gar kein richtiges Weihnachten.

Es lag heuer schon sehr viel Schnee. Moser hielt Ausschau nach der Grenze zwischen seinem Waldstück und dem des Bürgermeisters. Hier, hier musste die Grenze verlaufen. Da stand auch schon ein wunderschöner Christbaum.

Mit ein paar kräftigen Hieben war er gefällt. Die Axt wurde wieder im Rucksack verstaut und das Bäumchen über die Schulter gelegt. Das heißt, als Bäumchen konnte man die Tanne nicht mehr bezeichnen. Bei zwei Meter achtzig Höhe. Moser wusste wohl, dass die Tanne zu hoch für seine Stube war. Aber er konnte sie ja kürzen, bei einem Baum aus Stegers Wald reute ihn nichts.

Moser machte sich auf den Heimweg. Er war noch knapp 100 Meter von der Straße entfernt, da sah er plötzlich eine Gestalt auf sich zukommen. Jetzt wurde es brenzlig, schließlich befand er sich in einem fremden Waldgrundstück und hatte einen frisch gefällten Baum auf den Schultern. Kurzerhand rammte er den Tannenbaum in den Schnee und es sah aus, als sei er hier gewachsen.

Anton Moser lief so schnell er konnte in Richtung seines Waldes. – Es blieb ihm jetzt nichts anderes

mehr übrig, als doch einen Baum in seinem Wald zu schlagen. Hier genügte ihm auch ein Tannenbäumchen von ca. einem Meter Höhe. Seine Frau Frieda würde zwar nicht sonderlich begeistert sein, aber Frieda hatte sowieso jedes Jahr an jedem Baum etwas auszusetzen. Heuer war es besonders schlimm. Frieda schimpfte wie ein Rohrspatz: „Dieser Krüppel von einem Baum kommt mir nicht ins Haus!"

Darum machte sich Moser am nächsten Tag noch einmal auf in den Wald. Der Baum, den er gestern so schnell entsorgt hatte, war vielleicht noch nicht von Steger gefunden worden. Aber leider war das Glück nicht auf der Seite von Moser. Der wunderschöne Tannenbaum war verschwunden. Wahrscheinlich hatten seine Spuren im Schnee den Besitzer auf den Baum aufmerksam gemacht, überlegte sich Moser. Vielleicht sollte er noch einen schlagen, von der gleichen Stelle wie gestern. Moser ging zu der Stelle und dachte plötzlich, es würde ihn der Schlag treffen. Die Stelle, an der er gestern den Baum fällte, war ja noch gar nicht auf der Waldseite des Bürgermeisters, sondern auf seiner eigenen. Er hatte den wunderschönen Tannenbaum in seinem eigenen Wald gefällt und nun war er verschwunden. Gestohlen, einfach gestohlen.

Moser wurde wütend. So wütend war er schon lange nicht mehr. Über den Dieb, aber noch viel mehr über sich selbst.

Alle Bäume des Waldes konnten ihm gestohlen bleiben. So schnell er konnte, machte er sich auf den Heimweg. Frieda musste sich mit dem windigen Bäumchen zufrieden geben. Sie merkte sehr wohl, dass es besser war, Anton nicht mehr auf den Christbaum anzusprechen.

Die Weihnachtsfeiertage verliefen dann recht friedlich, trotz der Christbaumpanne. Frieda freute sich über Antons Halskette, er wiederum genoss die Weihnachtsplätzchen und lobte sogar den Weihnachtsbraten.

Am 28. Dezember lud Bürgermeister Steger alle seine Gemeinderäte zu einem weihnachtlichen Umtrunk zu sich nach Hause ein. Beim Betreten der Stube ließ Müller, der zweite Bürgermeister, ein erstauntes „ein Traum von einem Christbaum" hören, „dieser gleichmäßige Wuchs und die Höhe, wunderbar".

Auch Moser blieb erstaunt vor diesem Baum stehen, nicht zu vergleichen mit dem Bäumchen in seiner Stube. Bürgermeister Steger strahlte übers ganze Gesicht und sagte: „Ihr werdet es nicht glauben, aber dieser Tannenbaum steckte in meinem Wald einfach so im Schnee. Er wurde aber nicht auf meinem Grund und Boden gefällt. Wenn ich wüsste, wer mir diesen Baum gespendet hat, ich würde mich erkenntlich zeigen!" Dabei sah er gespannt in die Richtung, in der Moser stand.

Moser fiel es sehr schwer, sich zu beherrschen, aber mit unschuldigem Blick sah er zu seinem Kontrahenten und sprach: „Wirklich ein wunderschöner Baum. Anscheinend hat es jemand gut mit dir gemeint."

Er nahm sich vor, im nächsten Jahr den allerschönsten Baum in Stegers Wald zu schlagen, egal was auch kommen mag.

Manfreds Aufsatz

Dia eascht a sieba Johr von meiner Schualzeit bin i in Oberthingau in d' Schual ganga. Mir hand in eisram Schualhaus bloß zwei Klassazimmer ghet. Oins im Erdgschoß und oins im erscht a Stock. Des war dann somit d' Unterklass und d' Oberklass. D' Erscht- bis Viertklässlar warat in dr Unterklass und d' Fünft- bis Achtklässlar warat in dr Oberklass. A neita Klass hot's domols no gar it gea. Dia isch erscht a paar Johr später drzuakomma.

In dr siebta Klass bin i neaba dr Margit ghockat. Es warat in eisram Klassazimmer drei Reiha mit Bänk. Mir warat ziemlich weit hinda in dr Fenschterreiha, des war praktisch, dr Lehrar Wank hot oin do leichtsam überseah. Mir warat schließlich über fünfzig Kinder in dr Klass. Wenn dr Lehrar d' Fünft- und Sechstklässlar unterrichtet hot, no hand mir ältra Kend a Stillarbeit kriat. So still wara mer do allerdings it allat. Vor dr Margit und mir send nämlich dr Ludwig und dr Manfred ghockat. Dia zwei hand ihra Grend allat mehr bei eis henda ghet als wia vorna. Dr Manfred hot guat mola kenna und hot seina Kunstwerke leichtsam auf eiser Bank gmolat. Bsonders guat hot a nackata Fraua mola kenna. Relativ guat originalgetreu. Do bin i heit no erstaunt drüber, denn wo hot ma zua der Zeit scha amol a nackata Frau gseah. A Zeitung mit dererlei Abbildungen hot's domols no it gea und im Fernseh hot ar Frau it amol d' Rock über Knia rutscha derfa, des wär scha unanständig gwea.

Dr Ludwig war über dia Art dr Molarei allat ganz
begeischtrat, bloß d' Margit hot fichtig gschimpft.
Schließlich isch dr Manfred vor ihr ghockat und hot
auf ihran Teil dr Bank gschmiert und wenn dr Wank
des Bildla gseah hätt, no hätt a no gmoit, sui war's.

Mir vier hand eis aber sonscht guat vertraga und hand o zematghalta. Oi Erlebnis hau i bis heit it vergessa, des war em Manfred sei Aufsatz.

Es war noch da Weihnachtsferien, do hand mir als Hausaufgab an Aufsatz schreiba miassa und zwar mit deam Thema: „Wie ich die Weihnachtsferien verbracht habe." Am nächsta Tag, no vor Unterrichtsbeginn, hand d' Margit und i mit em Ludwig und em Manfred über dean Aufsatz gredt. Jeder hot ebbas von da Weihnachtsferien gwisst, bloß dr Manfred hot gset, er häb nächt koi Zeit ghet zua am Aufsatz schreiba. I hau nochat sei Heft gseah. A Überschrift hot a ghet und da erschta Satz, nochat war nix als wia Leere auf dear Seita in seim Heft. Ma ka's verstauh, bei so am herrlicha Winterwetter mit wunderbarem Schnea hot a zwölfjähriger Bua am Namatag o was Bessers zom doa als wia an Aufsatz zom schreiba.

Dr Lehrar Wank hot allat a paar Kind ihra Aufsätz vorleasa lau, wenn mir oin als Hausaufgab aufghet hand. Selten hot a d' Hefter eigsammlat. Zom Vorleasa hot ma allat an d' Tafel nausstauh miassa, dass o alla ghert hand, was ma vorträgt.

Dr Manfred hot no gmoit, es wiad scha it grad er sein Aufsatz heit vorleasa miassa. Aber wia's hald manchmol so loft, hot dr Wank ausgrechnat da Manfred aufgruafa.

Dr Manfred hot mer ietz glei fichtig leid dau, denn i hau gmoit, ietz muass a em Lehrar ja saga, dass a koin Aufsatz gschrieba hot. Aber na, was duat dea Kerla? Dea dappat an d' Tafel naus und fangt 's Leasa a: „Wie ich meine Ferien verbracht habe."

Und nochat hot a gleasa und gleasa. Dia tollschta Sacha hot a verzellt, vom Christbaumholla über d' Weihnachtsgschenker, 's Essa am Heiliga Obat und d' Christmetta, dia a ministriert häb. So an saumäßig langa Aufsatz hau i während meiner ganza Schulzeit it ghert. Bloß oins isch aufgfalla, zwischadur hot dr Manfred a paarmol gstottrat, do hot a allat gset: „Dann habe ich ... dann habe ich ... ich habe dann ... Des war halt allat nochat, wenn a nemma recht gwisst hot, wia dr Aufsatz weitergauh soll. Oins war o a bissla komisch, dea Bua hot beim Vorleasa gar it viel ins Heft gluagat, dea hot viel öfters noch henda an d' Wand gluagat, wia wenn do dea Aufsatz gschtanda wär.

Wia dr Manfred no endlich fetig war mit Vorleasa, hot dr Lehrar Wank gset: „Dein Aufsatz hat mir sehr gut gefallen, Manfred, und weil er so schön und gut war, darfst du ihn nochmals vorlesen." Natürlich hot dr Lehrar gmerkt, wia dia Sach mit deam Aufsatz war, dea war ja o it bled. I hau domols aber wirklich denkt, dr Aufsatz häb em Wank so guat gfalla.

Und was duat d' Manfred, dea hot doch pfeilgrad nomol von vorna agfanga mit seina Ferienerlebnisse. Allerdings isch a nemma weit komma, weil am dr Lehrar 's Heft rausgrissa und um d' Ohra ghaut hot. A saftiga Strofarbeit hot a o no kriat.

Später hot em dr Lehrar aber no gset, dass des, was er do so aus em Stegreif zematdichtat häb, eigentlich recht oadala und guat war.

Dr Christbaum

Es isch Advent – dia stille Zeit,
auf Weihnächta o nemma weit.
Do set d' Agath zu ihrem Ma:
„I fang ietz frei mit Bacha a,
und du, du luagsch ins Holz bald naus,
do suachsch no glei an Christbaum aus!"

„Mei Weib, hosch du a Hudlarei",
so set dr Xaver nochat glei.
„Es isch doch eascht dr zweit Advent,
du kneischtasch rom wia a klois Kend."

A Wucha lang set d' Agath nix,
doch schempft sa no: „Du Malefiz,
du luagsch ietz endlich noch am Baum,
es send bloß zeha Täg no kaum!"

Da Xaver bringt's it aus dr Ruah:
„Nächst Wucha komm i gwieß drzua;
was brauchsch o überhaupts an Baum,
ma sot's im Holz duss standa lau.

Im Dachboda, do flackat no
– denna in am Quellekarto,
von dr Oma Moser selig,
ma hot an doch braucht ganz wenig –
a Plastikchristbaum, pfennigganz,
den hot no schicka lau dr Hans."

„Des kasch dr denka, du gohsch naus
und suachsch an scheana Christbaum aus!"
D'Agath, dia will an echta Baum,
an richtig scheana Weihnachtstraum.

's isch no dr 24scht woara,
d' Agath scha etla Täg voll Zora,
do merkt's dr Xaver no amend,
dass as nem länger schiaba kennt.

In aller Friah, es isch no kalt,
goht mit dr Axt er naus in Wald.
Im eigna Holz – Bäum ruiat eahn,
er schlägt drom oin im Staatsholz dean.

No kommt a hoim, Mittag isch glei,
er schleift da Baum in Hausgang nei.
Doch d' Agath schreit: „Ja bisch du narrat,
dea isch bockgfrohra und erstarrat.
So kommt mer dea ins Haus it nei,
wenn dea auftaut – dia Sauerei!"

Dr Xaver kretzt sich do am Grind,
er überlegt und set no gschwind:
„Dean loina mer in Kuhstallgang,
wiasch seah, des daurat gwieß it lang.
Do isch as warm – no loft dia Briah
in Scholgraba glei na und wia."

Und noch zwei Stund isch no so weit,
dr Baum von Schnea und Eis befreit.
Xavera richt da Ständar hea
und moint: „Des Bäumla isch doch schea,
guat gwachsa, grad und gar it kromm",
er stellt's o glei in d' Stuba nom.

Bei'r Tüar rei kommt ietz do d' Agath
und moint no glei, sie trifft dr Schlag.
„Ja, bin i do vielleicht im Stall,
dea Gschtank, dea isch ja abnormal!"
A Furz kennt mender gar it stenka
als wia dea Baum, ma ka sich's denka.

Agath, dia befzgat in oim fut:
„I hau mir's denkt, dass so weit kut.
Hätt mer da Baum scha früahner ghet,
no gäb's ietz it a so a Gfrett!

Beim Hubar-Baur am Fenster – lua,
do stoht vorm Christbaum scha dr Bua.
Bei eis isch nix als wia a Gschtank,
dea Ärger macht mi no ganz krank!"

„Ietz lass amoal dia Pfutzgarei",
Xavera set: „Des hammer glei,
luag amola naus in d' Speis,
an Raumspray hot ma gwieß bei eis."

Pfeilgrad, sogar mit Tannenduft,
bua, des gibt ietz a guata Luft.
D' Agath sprüaht des Bäumla ei,
es riacht noch Tannenduft ganz fei.
Sie spritzt no glei dia Dosa leer,
bloß it zwenig, liaber mehr.

No send sa friedla meah all beid,
ja Xaver denkt, i be halt gscheit
und spätzgat nochat glei in d' Händ,
ietz richt mer 's Bäumla, aber gschwend.

Ma goht mitnand in Kellar na,
lupft 's Christbaumzuig vom Kaschta ra.
Keza, Kugla und Stroahstera,
Glöckla no, no wiad's scha wära.

Sie tragat 's Zuig no d' Stiaga nauf,
machat doba d' Stubatüar auf.
Bleibat schtauh, wia vom Blitz troffa,
beida stoht 's Maul z'weitascht offa.

Des Bäumla, mein Gott – welch a Graus,
es sieht ja budelnackat aus.
Koi Nodl an da Äscht meah det,
dea Baum luagt aus wia a Skelett.

„Des muass des Sauzuig gwesa sei,
du mit deim hura Zimmrpray!"
D' Agath, dia kommt schier obanaus:
„Heiligobat und koi Baum im Haus!

I lass mi scheida, dass as weischt,
du hosch koi Hira und koin Geischt!"
Und nochat fangt sa 's Blära a,
bua, do bisch gschtellt mit so am Ma.

Xavera wird's ietz zweierlei,
am Weihnachtstag a Streitarei.
Dia Lage, bua, dia isch verzwickt,
dia muass i lösa, aber gschickt.
Und zmol, do kommt's eahm in da Sinn:
„Dass i it glei drufkomma bin!"

Nauf in Dachboda – ganz schnell,
dia Schachtel flackat do im Gschtell.
Dr Christbaum Marke „Quelle" –
ein Baum für alle Fälle.

D' Stuba nei und d' Äscht aufklappa
und entschtauba mit am Lappa.
Kugla na und no 's Lametta,
wunderschea, so stoht a deta.

No set a: „Agath, komm, sei gscheit,
des Bäumla macht doch o a Freid.
Und siech's doch realistisch, Frau,
von deam Baum duasch doch viel mehr hau.

Dea lot koi Nodla, macht koin Dreck,
dean duasch so schnell o gar nem weck;
bis in April nei, wisch as seah,
do isch a allat no ganz grea.
No wird dea Baum umfunktioniert,
mit Ostereier dekoriert!"

Mathilds Wunschzettel

Liabs Christkindla, du loasa hea,
i bin d' Mathild vom Kolb, dia schea.
Du mischtsch mi kenna, nehm i a,
i wohn glei neab dr Kiacha dra.

I hätt a ganz a groaßa Bitt,
gell, abschla duasch mer dia frei it!
I will koin Schmuck und will koi Geld,
weil so ebbas mir doch it gfällt.
I will koi Häs und koina Schuah,
hau Glump zom Eischliefa grad gnua,
i will koin Schnaps, koin Schokolad,
um mei Figürla wär's grad schad.

I will bloß oins – und des scha lang –,
Schmiedbauers Paul aus Lengawang!
Dea isch guat baut und macht was hea
und eascht dia Händ, mei, dia send schea.
Des send so rechta Schaffarhänd,
a so a Ma, dea wur amend
für mi dr Recht zom Heira sei,
es wär a mortsdrum Hof drbei.

Voglars Hans, dea dät mi mega,
i hätt normal o nix drgega.
Ver Art hea wär a mir scha recht,
doch leider isch a bloß a Knecht.

Drom wot i o da Paul mit Gwalt,
sag it, er sei für mi scha z' alt.
Und wenn scha ältr, achzeh Johr,
und jedem gand sa aus, dia Hoar.
A Glatza fend ietz i it schlecht
und sonscht isch wirklich alles recht.

Viezg Kiah im Stall, was will i mehr,
und d' Maschina all recht schwer.
D' Felder, dia send alla eba,
i denk, dr Paul, dea wur mi mega.

I wär eahm o a guata Frau,
mit mir konnt a sich seacha lau.
Dät sei Sach o zemathalta
und natürlich guat verwalta.

Bei mir, do dät's eahm recht guat gauh,
er konnt o manchmol Ausgang hau,
auf a Halba na zom Wiat,
zweimol im Johr mi des it hirt.

A Daschageld, des krut a o,
was Guats zom Essa sowieso.
Salat und Vollkorn, Magerquark,
a Obst drzua, denn des macht stark.

So, Christkindla, des wär's no gwesa,
oins bricht i no, an nuia Besa.
Doch des dät it so dringend sei,
Hauptsach, dr Paul, dea wur dr mei.

Auf des Gschenk bin i scha ganz wild,
aus Pflaubauma griaßt d' Mathild!

Gossen-Michl

Michael Heisinger, ein bekannter Autor Mitte 40, war seit langer Zeit wieder einmal auf dem Weg in seine alte Heimat.

Es war kurz vor Weihnachten, dicke Schneeflocken wirbelten vor der Windschutzscheibe seines silbergrauen Mercedes. Noch zwanzig Kilometer bis zu seinem Heimatdorf. Dort wollte er das Grab seiner Eltern besuchen.

Michael Heisinger kam wegen des Schneetreibens nur langsam auf der kaum befahrenen Landstraße vorwärts. Monoton summte der Automotor. Heisinger dachte an sein Heimatdorf und seine Gedanken wanderten zurück in seine Kindheit.

Er sah den kleinen Bauernhof vor sich, alt und geduckt. Viele Reparaturen wären nötig gewesen, um wirtschaftlich arbeiten zu können. Aber dazu reichte das Geld kaum, das seine Eltern mühsam dem Hof abtrotzten.

Zwölf Kühe und das karge Weideland reichten kaum aus, eine Familie mit fünf Kindern zu ernähren.

Die Kinder kannten ihre Mutter nur müde und erschöpft, aber sie liebten ihre von der vielen Arbeit rauen Hände, die liebevoll die Kinderköpfe streichelten. Kein lautes Wort kam je aus ihrem Munde und auch den Vater kannten sie nur als sanften stillen Mann. Ein Mann, der viel Traurigkeit in sich trug und den Kampf um eine bessere Zukunft schon lange aufgegeben hatte.

Michael war der älteste der Kinder. Schon früh

musste er mit Hand anlegen im Stall und auf dem Feld. Denn sein Vater half, sooft es ihm die Zeit erlaubte, im nahegelegenen Sägewerk, um noch etwas dazuzuverdienen. Michael arbeitete gern, nichts war ihm zu viel. Er liebte das Vieh im Stall und die Arbeit auf dem Felde.

Aber da gab es etwas in seinem jungen Leben, das ihn täglich peinigte. Die Schule und sein Lehrer. Oder doch eher sein Lehrer in der Schule. Michael war ein sehr schlechter Schüler. Die Zahlen in Mathematik waren für ihn wie Hieroglyphen und die Rechtschreibung sein größter Feind.

Das Einzige, das ihm gut gelang, waren seine Aufsätze. Aber da sie vor Rechtschreibfehlern nur so wimmelten, waren sie seinem Lehrer nie mehr wert, als höchstens eine Vier. Sein Lehrer, Herr Egner, war kein guter Mensch. Er genoss es, Michael bloßzustellen. Er wuchs, je kleiner Michael bei jeder Rüge wurde. Faul und unnütz nannte er den Jungen. „Aus dir wird nie etwas werden, in der Gosse wirst du landen", waren die häufigsten Worte von Herrn Egner an Michael. Und alle Kinder lachten. „Gossen-Michl" schrien sie ihm nach. „Gossen-Michl!" Einmal stand Michael an der großen Tafel und musste ein Diktat mitschreiben, das seine Mitschüler ins Heft schrieben. Michael lief vor Angst der Schweiß über den Rücken, wusste er doch, dass kaum eines seiner Worte fehlerfrei sein wird. Seine Finger waren so feucht, dass er kaum die Kreide halten konnte und er zitterte so stark, dass jedes Wort, das er schrieb, aussah, als hätte es ein alter Mann geschrieben. Erst zwei Sätze standen an der

Tafel, als Herr Egner schon zu brüllen begann. „Was soll dieses Geschmier, Michl? Schon zehn Fehler in nur zwei Sätzen? Du bist so dumm, wie du schlampig bist. Deine Hose ist zu kurz und dein Hemd zu eng. Wenn du morgen nicht ordentlich erscheinst, schreibst du vier Seiten aus dem Lesebuch ab!"

Wieder ertönte ohrenbetäubendes Gebrüll von Seiten der Kinder: „Gossen-Michl ist recht dumm und läuft in alten Hosen rum!"

An diesem Abend konnte Michael wieder lange nicht einschlafen, wie an so vielen Abenden. Er hatte Bauchschmerzen und furchtbare Angst vor dem nächsten Schultag. Er hatte keine andere Hose für den nächsten Tag zum Anziehen. Seine Mutter sagte schon vor Wochen: „Michael, du wächst aus allem heraus, aber ich kann dir erst eine neue Hose kaufen, wenn wir das Kalb von der Alma verkauft haben." Michael graute vor dem Toben des Lehrers, vor dem Gelächter der Kinder und ganz besonders vor den vielen Stunden, die er benötigen würde, vier Seiten aus dem Lesebuch abzuschreiben.

Lautes Hupen schreckte Michael Heisinger auf. Er war wieder auf der Landstraße. Ein ihm entgegenkommender Wagen hupte. Heisinger fuhr zu weit links, zu sehr waren seine Gedanken mit seiner Kindheit beschäftigt.

Jetzt tauchten schon die ersten Häuser seines Heimatdorfes auf. Heisinger verlangsamte sein Tempo. Es hatte sich wenig verändert in den letzten 25 Jahren, seit er das Dorf verlassen hatte.

Solange seine Eltern noch lebten, kam er noch öfters nach Hause. Aber seit ihrem Tod sind Jahre vergangen, seit er das letzte Mal hier war. Er fuhr direkt zur Kirche und dem dazugehörigen Friedhof. Michael Heisinger stieg aus, zog seinen modernen Mantel aus feinem Loden über seinen eleganten Anzug.

Heisinger konnte sich heute alles leisten. Die meisten seiner Bücher wurden Bestseller. Aber einen großen Teil seines Geldes bekamen seine Geschwister, Neffen und Nichten. Michael Heisinger hatte keine eigene Familie. Stumm stand Heisinger vor dem Grab seiner Eltern. Er dankte ihnen für all die Liebe, die sie ihm gaben.

Dann betrat Heisinger die Kirche. Die Kirche, in der er getauft wurde und das heilige Sakrament der Kommunion empfing. Aber selbst die Kirche verband er mit schlechten Erinnerungen. Auch hier haben ihn die Mitschüler gehänselt und sein Lehrer ihn bloßgestellt. Heisinger schritt durchs Portal und den Mittelgang. Ganz vorne in der ersten Bank saß ein alter Mann.

Sein Rücken war gekrümmt, rechts und links von ihm lehnte ein Stock. Seine zittrigen Hände konnten das Gebetbuch kaum halten. Der alte Mann schaute hoch und es traf Michael Heisinger wie einen Peitschenhieb. Sein alter Lehrer Herr Egner. Nie würde er dieses Gesicht vergessen. Herr Egner aber erkannte in dem eleganten Mann nicht den Michael von früher. Er begann ein Gespräch mit dem Fremden, bot ihm an, sich zu ihm zu setzen und erzählte ihm von seiner früh verstorbenen Frau, von seinen zwei Kindern, die nichts mehr mit ihm zu tun haben wollen, von Dorfbewohnern, die ihn nicht beachten, von seiner Gicht, die ihm große Schmerzen bereitet und von seiner grenzenlosen Einsamkeit.

Lange Zeit redete der alte Mann, doch plötzlich hielt er inne und sagte zu Heisinger: „Irgendwie kommen Sie mir bekannt vor, kann es sein, dass wir uns kennen?" „Ja", sagte Michael Heisinger und stand auf. „Ich bin der Gossen-Michl", dann drehte er sich um und verließ die Kirche.

Und auf einmal fühlte er sich frei und wie von einer schweren Last befreit, die er seit seiner Kindheit mit sich trug. Der Hass und die Wut auf seinen Lehrer waren verflogen. Wie sagte seine Mutter zu ihm, als er ein kleiner Junge war: „Denk daran, Michael, was man sät, das wird man ernten." Erst heute bekamen diese Worte für ihn einen Sinn. Sein Lehrer hatte keine gute Ernte am Ende seines Lebens.

Michael Heisinger stieg in seinen Wagen. Er würde noch am leer stehenden, halbverfallenen Elternhaus vorbeifahren. Vielleicht sollte er es renovieren lassen und als Ferienhaus nützen. Er nahm sich vor, jetzt wieder öfters nach Hause zu fahren.

Berta und Schorsch am 3. Adventssonntag

Schorsch: Du, Berta, du hosch gset, i soll 's Krippa-
la aufbaua. Es fehlt aber beim heiliga
Josef dr Kopf.

Berta: Do ka i o it drfür, i hau am da Kopf it ra-
grissa.

Schorsch: Wea war no des?

Berta: I weiß es it und des isch doch o gleich,
bäbb hald dean Kopf meah na.

Schorsch: Dea Kopf vom heiliga Josef isch aber gar
nemma do, no ka an it guat nabäbba.

Berta: No losch an hald weg.

Schorsch: Du bisch ja meah guat, i ka doch it da
heiliga Josef ohna Kopf in Krippa stella.

Berta: No nemm hald an Hiata und stell an als
Josef na.

Schorsch: An Hiata? A Hiat isch doch koi heiliger
Josef it!

Berta: Do isch doch koi Unterschied it, a Hiat
sieht genauso aus, wia dr heilig Josef.

Schorsch: Willsch drmit vielleicht saga, dass es bei
da Männer koina Unterschied geit?

Berta: (Leise zu sich) Dia send all gleich duslag.

Schorsch: Was hosch gset, Berta?

Berta: Natürlich gibt's an Unterschied, hau i
gset, aber it bei da Krippafigura.

Schorsch: Also Berta, des kasch ietz wirklich it
saga, dr Josef isch schließlich dr Vatr von
deam Jesuskind. No ka i doch it an Hiat
neistella, zletzscht dädat d' Leit no

moina, des Kend sei von am Hiata und it vom heiliga Josef.

Berta: Wenn ma's gnau nemmt, isch es ja vom Josef o ita. Und vo was für Leit redsch du überhaupts.

Schorsch: Was weiß i –, d' Leit hald. D' Leit redat doch allat.

Berta: Aber gwieß it über eisren heiliga Josef.

Schorsch: Berta, moinsch it, dass du dean Kopf verraumat hosch.

Berta: Was für an Kopf?

Schorsch: Ja, dean vom heiliga Josef.

Berta: Ietz regsch mi aber langsam auf, mit deim alta heiliga Josef!

Schorsch: Wiaso mei heiliga Josef, dean hosch doch du mit in d' Ehe brocht.

Berta: Freila i, du hosch ja nix Gscheits ghet.

Schorsch: Was hau i nix Gscheits ghet, wia moinsch ietz des, Berta?

Berta: Du hosch nix Gscheits ghet, des d' hättsch mit in d' Ehe bringa kenna.

Schorsch: Aber du, gell. Do dät i grad o no schwätza, weags deam bissla heiliga Josef, dean du mitbrocht hosch.

Berta: I hau dia ganz Krippa mitbrocht, it bloß da heilig Josef.

Schorsch: Dea, wo it amol meah an Kopf hot.

Berta: Wea weiß, ob du dean Kopf it absichtlich agrissa hosch, bloß dass d' was zom Läschtra hosch.

Schorsch: Ietz spennsch aber scha, i wer deam arma heiliga Josef extra weaga dir da

Kopf rareißa. Do dät a mer ja grad daura.

Berta: Lass amol dia Figura seacha. (Sucht in einem Karton.) Was hosch denn, dr heilig Josef hot doch sein Kopf no.

Schorsch: Des isch doch it dr heilig Josef, des isch doch a Hiat.

Berta: Schmarra, des isch allat scho dr heilig Josef gwea und dea do ohna Kopf isch a Hiat.

Schorsch: Des globsch doch sell it, dea ohna Kopf isch dr Josef, des sieht ma doch.

Berta: An was, vielleicht am Gsicht? Seit Johr und Tag isch der in deam greana Gwand dr heilig Josef, und dea hot no an Kopf.

Schorsch: Willsch du drmit saga, dass i koin Unterschied kenn zwischa am heiliga Josef und am Hiata.

Berta: Es scheint so.

Schorsch: No sag mer doch grad du da Unterschied zwischa am heiliga Josef und am Hiata.

Berta: Des weiß ietz i grad o it.

Schorsch: Siehsch, du weisch es it, aber scha schwätza und sich in alls neimischa. Es geit nämlich überhaupts koin Unterschied it. Und ietz möcht i bloß wissa, warum du so a mords Komöda weaga deam heiliga Josef machsch. Dätsch du mi macha lau, wia i will, no wär dia Krippa scha längscht aufgstellt.

A schnella Christbaum

Heit wärat d' Christbäum meischtens koft,
doch früahner war des it so oft.
Im Wald duss hot ma's ganz frisch gschlaga
und auf em Buckl hoimwärts traga.
Doch selten in seim eigna Holz,
ma war sogar a bissla stolz,
an Christbaum steahla, des war schea,
wenn oin neamad drbei hot gseah.

Vor viela Johr, do isch passiert,
Fendts Adolf dur da Wald spaziert.
Er luagat sich dia Bäum grad a,
suacht an scheana, dean a umdo ka.
Recht unauffällig muass'r sei,
dr Wald, der war o it dr sei.

Do hot a zmol dur Bäum und Schnea
a fremdes Mannsbild lofa seah.
Dr Sell hot gschultrat, luag grad hea,
zwei Tannabäumla wunderschea.

Dr Adolf duat an lauta Schrei:
„Was duasch du do?", so schreit a glei.
Des Mannsbild reißt's, er bleibt kurz schtauh
und hot dia Bäumla falla lau.
No rennt a schnell dur Wald und Schnea,
als wär dr Teifl hindram hea.

Dr Adolf hot sich d' Händ glei grieba,
dean Christbaumdieb hot er vertrieba.
Für eahn isch ietz o d' Arbat dau
und 's Weib wiad gwieß a Freid glei hau,
wenn er zwei Christbäum huier bringt,
er schultrat beid, loft hoim no gschwind.

Dr Schompa und d' Laibla

Ferdinand erzählt:
I war zwölf Johr alt, domols an Weihnächta 1966.
Am erschta Weihnachtsfeiertag war's, am Vormit-
tag. Mir warat scha in dr Kiacha, send grad zruck-
komma und d' Muattr hot ietz kochat.
I war en dr Stuba deanna und hau mit meim nuia
Baggar gspielt, dean wo mer 's Christkindla brocht
hot. Auf em Tisch send no dia Tellar mit da Laibla
gstanda. Bei eis hot jeds Kind am Heiliga Obat a
Teller mit Laibla kriat. Für jeds Kend warat genau
gleich viel und dia gleicha Sorta druf. So ungefähr
fufzeh für jeds, drvo bloß sechs mit Schokolad. Mei
Tellar war scha leer. I hau glei am Heiliga Obat alla
gessa. Bei meina zwei Schwestra warat dia Tellar no
fascht voll. D' Liesbeth hot erscht fünf gessa, drvo
bloß oi Schokoladas und bei'r Rosi hand erscht zwei
Laibla auf em Tellar gfehlt, dia Schokoladana warat
glei no alla do. Dia Laibla von meina Schwestra
hättat mi ietz scha saumäßig bitzlat, aber i hau mer
denkt, do wenn d' ois nemmsch, no wissat sa doch
sofort, dass i des war.
Wia i grad so am Überlega war, was ma do macha
konnt, hau i da Vatr schreia ghert. Zwei Schompa
häbat aus em Stall ausbrocha, alls soll zom Helfa
komma, dia Schompa däbat im Hof romhägla. I bin
natürlich o sofort naus und hau drbei anscheinend
d' Stubatüar und d' Haustüar sperrangelweit auflau.
Dr Vatr und d' Muattr samt meine Schwestra send
deam oina Schompa henterhea, dea grad zom

58

Nochbaur nomm isch, do siech i, wie dr ander
Schompa grad bei eiser Haustüar neigoht, dia wo i
offalau hau. Natürlich bin i sofort hinterhea. Ietz
stoht doch dea Schompa tatsächlich in eiser Stuba
am Tisch det. Mei Liaber, dean hau i sofort meah
naustrieba, dea dät zletscht no von meine Schwestra
d' Laibla fressa.

Dr Schompa isch bei'r Haustüar naus, grad wia mei-
na Eltra mit am andra Schompa komma send und
hand no glei beida in Stall neidau. Wia i meah in d'
Stuba nei bin, hau i mir denkt, meina Schwestra
werat mir ganz schea dankbar sei, dass i verhindrat

hau, dass dr Schumpa dia Laibla gfressa hot. Plötzlich hau i a Idee ghet, wia i an dia Laibla von dr Liesbeth und dr Rosi komma konnt. I kennt doch saga, dass dr Schompa dia gfressa häb.

Sofort hau i mein Hosasack mit Laibla gfüllt, ganz schnell, denn meina Leit send scha meah reikomma. I bin no naus in Schopf, hau ma versteckt und in aller Ruah meina gstohlana Laibla gessa. Ganz wohl isch mer henderhea nemma gwea, ob's vom schnella Neiessa oder vom schlechta Gwissa komma isch, konnt i heit nemma saga.

D' Muattr hot nochat zom Mittagessa gschria und hot mi glei no gschempft, weil wega mir dr Schompa in d' Stuba komma sei, weil i d' Tüar offalau häb. Wia mer mit Essa fetig warat, i hau übrigens gar it viel Hunger ghet, send meina Schwestra in d' Stuba nom und hand zmol 's Schempfa agfanga, weil ma na d' Laibla weggfressa häb. Dr Vatr hot mi ganz streng agluagat und hot gset: „Ferdinand, warsch du des?" Wenn dr Vatr Ferdinand und it Ferdi gset hot, no war des koi guats Zeicha it. „Na Vatr", hau i gset, „des war it i, des war dr Schompa, i hau's sell gseah." „So", hot dr Vatr no gmoit, „dr Schompa war des." No hot a so auf dia Laiblatellar gluagat und hot gmoit: „Scha komisch, Ferdinand, dass dea Schompa ausgrechnat dia schokoladana Laibla rausgsuacht hot, war dea so gscheid und hot gwisst, dass dia besser send?"

Mei, hau mer denkt, bin doch i bled, i konnt mer doch glei sell a Watsche gea. Des hot's no allerdings it braucht, weil des no scha dr Vatr erledigt hot.

Hansis Wunschzettel

Liabs Christkindla, i hätt a Bitt
und wehe dir, du hilfsch mer it!
Dr Florian vom Metzgar Selt,
dea hot mer heit da Haxa gstellt,
mi hot's in Dreck ghaut glei und wia
und verfalla war mei Knia!

Am liabschta dät i eahn verhaua,
doch des dua mer halt it draua,
dea haut zruck, des weiß i glei,
und drum wur's o gscheitr sei,
du übernimmsch für mi dia Gschicht
und bringsch deam Florian, deam Wicht,
auf keinen Fall a Weihnachtsgschenk,
weil i glob und mir des denk,
dea Kerla ärgrat sich do grea,
Herrschaftzeiten, wär des schea!

Pfüadi Gott
dr Hansi

's Weihnachtsgschenk

Wenn meina Kend mi vor Weihnächta allat frogat, was i mir denn z' Weihnächta von eahna wünsch, no fällt mer leichtsam meah des Weihnächta vor viela Johr ei, wie i no a Fehl war, vielleicht zeha oder elf Johr alt wer i gweasa sei.

I hau scha seit Oktober mei Taschageld gschparat, des warat detmols zwei Mark im Monat, dass i meina Eltra und meiner Oma ebbas auf Weihnächta kofa ka. Meina Einkaufsmöglichkeiten warat sehr begrenzt. Mir hand in am kleina Weilar mit sieba Häuser in Eschenau gwohnt, do hot's natürlich koin Lada gea. Bis ins Dorf warat's zwei Kilometr. Im Dorf hot's zwei Läda gea, d' Thekla und da Bäck. D' Thekla war a Lebensmittelgschäft und d' Besitzerin hot mit em Vornama Thekla gheißa. Ihran Nochnama hau i lang gar it gwisst, i hau denkt: „Thekla", des isch dia Bezeichnung für dean Lada. Beim Bäck hot's außer Brot und Lebensmittl o sonscht fascht alles gea, was d' Leit so braucht hand. Von da Schulheftr über d' Kendswäsch, Hosaknöpf und Schuahbändl bis zua da Salatschüssla und Lockawickl hot's beim Bäck fascht alles gea.

Für mein Vatr hau i scha Zigarillos als Weihnachtsgschenk bei dr Thekla koft ghet. Dr Vatr hot zwar im Sommer 's Raucha aufghert, nochdeam a amol beim Raucha so saumäßig Zahweah kriat hot, dass a zwei Täg bloß gjammrat und kneischtat hot, aber da Zah hot ma ja inzwischa zoga, no konnt a ja meah raucha, hau mer denkt. Was will ma o am Vatr scha schenka, des isch gar it so oifach. Für d' Oma wollt i eigentlich zwei Broatwischtla kofa, weil sa dia so fichtig gera gessa hot. Beim Untra Wiat wollt i dia kofa, do war nämlich a Metzgarei drbei. Aber em Metzgar sei Frau, d' Ladnara, hot no gmoint, des wär it so guat, weil's ja auf Weihnächta na no drei Wucha wärat. Sie hot mer no a Paar Landjägar aufgschwätzt, obwohl i doch gwisst hau, dass d' Oma dia it verbeißa ka, mit ihra Zahnprotesa. Aber des hau i mir natürlich it saga draut.

I hau ja d' Landjägar saumäßig gera mega, drum hau i's o bloß a Wucha lang verhebt, i hau dia Landjägar im Nachtkäschtla denna ghet und do hot's allat so guat rausgrocha. Wia gset, noch ar Wucha hau i's no sell gessa, weil's d' Oma ja doch it verbissa hätt. I hau dr Oma no bei'r Thekla Huschtaguatsla koft, sie hot Gott sei Dank grad an rechta Huaschta ghet.

Ietz hau i bloß no für d' Muattr a Gschenk braucht, aber des war a bissla a Problem. Es hot beim Bäck so netta kleina Glasschüssala gea. Wia i amol mit dr Muattr im Lada dinna war, hot sa zur Bäckn gset: „Ja, send doch des netta Schüssala, dia dätat mer gfalla." Mit so am Schüssala konnt i dr Muattr a Freid macha. Aber leider hot ois 2 Mark und 10 Pfennig koschtat und i hau bloß no 1 Mark und 20 Pfennig ghet. Also hand 90 Pfennig gfehlt. Des isch viel Geld, wenn ma im Monat bloß 2 Mark hot. Schuld an der Misere war ja eigentlich d' Metzgara vom Untra Wiat. Hätt mer dia ihra Broatwischt verkoft, so wia i des wella hau, no hätt i d' Landjägar it essa kenna und no Huaschtaguatsla kofa miassa – dia Landjägar hand a Mark koschtat. No hätt mei

Geld fürs Schüssala greicht und es wär sogar no a Zehnarla blieba für an Kaugummi.

Wo bring ietz i dia 90 Pfennig hea, hau mer denkt. Noch längram Überlega bin i drufkomma, dass as am beschta wär, wenn i mir des Geld von meine Gschwischtra leiha dät. Im Januar konnt is ja meah zruckzahla.

Zerscht hau i d' Gertrud, mei älteschta Schwester gfrogat, aber dia hot gset, sie sei grad knapp bei Kasse und sie häb sell no koina Gschenker it für d' Eltra. Meina jüngra Gschwischtra hau i gar it froga braucha, die hand doch sowieso nix ghet, die hand no gar koi Taschageld kriat. Isch bloß no mei zwei Johr ältra Bruader, dr Rudi, übrig blieba. Dass dea a Geld ghet hot, war klar. Dr Rudi hot allat a Geld ghet, dea war sparsam und immer akkurat. Deam wär des nia passiert, dass dea Omas Landjägar gfressa hätt. Eher hätt as verschimmla lau. Also hau i da Rudi gfrogat. Dea war it so begeischtrat, weil a gmoit hot, er kriat's ja doch nemma zruck, er däb mi kenna. Do hau ma ganz schea zematreißa miassa, dass i eahn it glei an Deppa gheißa hau, aber des wenn i dau hätt, no wär's glei rom gwea, mit dr Leiharei. Noch langem Bettla und Scheadoa hot a no des Geld rausgruckt, aber sei Fahrrad hau i eahm drfür putza miassa.

Mit meiner Mark, meina 20 Pfennig und Rudis 90 Pfennig bin i no glei am sella Tag ins Dorf naufglofa und hau für d' Muattr des Glasschüssala koft. Mei, hau i a Freid ghet. Dohoim hau i des Schüssala glei im Kleiderkaschta dinna versteckt. Aber weil's mi so gfreit hot, hau i's allabot meah amol rausgholat zom Aluaga. Und do isch as nochat passiert. I war sell schuld, i hau it amol ebban schimpfa kenna. Mir isch des Glasschüssala nagfloga und in dr Mitt ussanand brocha. I bin dogschtanda und hau blärat. Gertrud und dr Rudi send no in d' Kammar reikomma und deana hau i sogar leid dau, des soll scha ebbas heißa. Ietz hot ma no beratschlagt, was ma do macha kennt und dr Rudi hot dia Idee ghet, dass ma des Schüssala doch bäbba konnt. Mit am Uhu hot as mir no zematbäbbat und weil dea Uhu it gscheit bäbbat hot, es war ja schließlich a Glas und do bäbbat doch koi normala Bäbb it, hot mei Bruader no an Weckgummi ums Schüssala rumdau.

Des hot ietz hald a bissla gschpäßig ausgluagat. Do hot d' Gertrud dia Idee ghet, a Tannazweigla in dean Gummi neizomstecka, no däb des ausluaga, wia wenn dea Gummi mit deam Zweigla a Weihnachtsdekoration wär.

So hau i mei Schüssala no in a Weihnachtspapier eipackt und am Heiliga Obat dr Muattr gschenkt. Mei, hot dia sich gfreit. Des Schüssala häb sa doch beim Bäck im Lada gseah und des häb ihr ja do scha so guat gfalla, hot sa gmoit.

Und nochat no dia Idee mit deam Zweigla. Wia sa des Schüssala so ghebt hot, send dia zwei Teile zmol a weng verrutscht und i hau gmoint, ietz miasst sa's merka, dass des kaputt isch, aber sie hot's wirklich it gmerkt, war i do froah.

Saga mer amol so, i hau gmoit, dass mei Muattr des it gmerkt hot, drweil hau bloß i it gmerkt, dass mei Muattr des sehr wohl gmerkt hot, aber mir z'liab des it merka lau hot.

Berta und Schorsch am 4. Adventssonntag

Berta: Schorsch, bisch ietz fetig mit Christbaum-aufstella?

Schorsch: Freila.

Berta: Hosch dia roata Kugla gnomma?

Schorsch: Freila.

Berta: Hosch 's Lametta o na?

Schorsch: Freila.

Berta: Hosch o dia roata Kezla gnomma?

Schorsch: Freila, welcha hätt i sonscht nemma solla!

Berta: Es hätt ja o sei kenna, dass du dia weißa Kezla gnomma hättscht.

Schorsch: Na, des hätt it sei kenna, weil mir nämlich gar koina weißa Kezla dohand.

Berta: Freila hand mir weißa Kezla do.

Schorsch: Na, des hand mir it.

Berta: Des weiß i doch ganz gwieß, dass mir weißa Kezla dohand.

Schorsch: Des isch ja o gleich, ob mir oi dohand oder it, mir brauchat's ja it, weil mir doch dia roata deta hand.

Berta: Um des gohts doch gar it, ob mer dia brauchat oder it, es goht drom, ob mir oi dohand oder it.

Schorsch: Mir hand koi do!

Berta: Des ka i oifach it globa. I hau gwieß oi hoim und zwar roata und weißa. Des weiß i doch ganz gwieß.

Schorsch: Wo sottat dia no sei?

Berta:	In dr Schachtl wo d' Kugla und dr Baum-spitz send.
Schorsch:	Baumspitz? Mir hand doch gar koin Baumspitz.
Berta:	Ja freila hand mir an Baumspitz!
Schorsch:	Des globsch doch sell it. Seit 20 Johr stell i da Baum auf, aber an Baumspitz hand mir no nia deta ghet.
Berta:	Des derf doch it wohr sei. Moinsch ietz du, i sei blöd? Mir hand no allat an Baumspitz ghet.
Schorsch:	Wo sott no dea sei?
Berta:	In dr Schachtl wo d' Kugla warat und dia weißa Kezla send.
Schorsch:	Berta, mach mi bloß it narrat! In der Schachtl warat bloß Kugla und dia roata Kezla! Koina weißa und koi Baumspitz!
Berta:	Was heißt do narrat wära? Bloß, weil i d' Wohrheit sag, brauchsch du doch it nar-rat wära.
Schorsch:	Du hosch doch an Saugwalt! Allat moinsch du, dass du Recht hosch, i mecht oimol erleaba, dass du noch-geisch.
Berta:	I ka doch it nochgea, wenn i gwieß weiß, dass i Recht hau. Do dät i ja liaga und ietz holsch amol dia Schachtl, no wär dr des beweisa.
Schorsch:	(Geht und kommt mit einer Schachtel zurück.) Do hosch dia Schachtl! Ietz mecht i grad dia weißa Kezla und dean Baumspitz seacha!

Berta: Des derf doch it wohr sei, hosch dean Baumspitz vielleicht aus der Schachtl rausdau und versteckt.

Schorsch: Freila, und dia weißa Kezla hau i gfressa!

Berta: I find des überhaupts it luschtig!

Schorsch: I o it! Und oins ka dr saga, Berta, mir isch des ietz sowieso wurscht, ob mir weißa Kezla hand oder it. Von mir aus kenna mer greana oder lilablassblaua hau, mir isch des wurscht!! Und die Christbaumspitz ka mer da Buckl narutscha!!

Berta: Also Schorsch, so brauchsch o it mit mir reda, dass du's it gera zuageisch, dass da deischt hosch, verstand i ja, aber ...

Schorsch: Mir reicht's ietz, i gang ietz zua Nochbaurs Xaver nom, auf a Halba Bier.

Berta: Du Schorsch, no sag doch dr Peppi, dia Kezla, dia i ihr letschte glieha hau, braucht sa mir nemma zruckgea, i verdleih allat o meah amol ebbas.

Schorsch: Was für Kezla? Vielleicht weißa Christbaumkezla?

Berta: A... a... ja... noi... i moi, do fällt mer grad ei, i glob, mir hand doch koi weißa Christbaumkezla meah do ghet. A... a... aber an Christbaumspitz hammer gwieß – do bin i mir ganz sicher.

(Berta flüchtet schnell aus dem Zimmer.)

A Hei fürs Esala

Wia i no a Kend war, hot mei Muattr mir und meina Gschwister verzellt, dass 's Christkindla mit am groaßa Schlitta vom Himml rakomma däb. Auf deam Schlitta seiat dia Gschenker für d' Kend und zoga wiad dea Schlitta von am Esala.

Ois von eis Gschwischtra hot no amol gmoint, dass des Esala doch was zom Fressa braucht, wenn's vor dr Haustüar dussa stoht und wata muass, bis 's Christkindla mit Gschenker Reitraga und Herrichta fetig sei.

Wea von eis sechs Kend so schlau war, weiß i heit nemma. I wohl eher it. I hau zwar allat viela ausgfallana Ideen ghet, aber meischtens koina so guata. Dean Einfall mit deam Eselsfuattr wiad warscheinlich dr Rudi ghet hau.

Jedenfalls hand mir Kend all Heiliga Obat scha glei am zeitiga Namadag a Bischala Hei aus em Denna gholat und vor d' Haustüar naglegt. Später hot ma eis no mit em Auta zur Oma gfahra und drweil isch dohoim 's Christkendla komma.

Beim Hoimkomma send mir allat ganz schnell aus em Auto raus und hand als erschts glugat, ob des Hei weg war. Des war dann a Zeicha drfür, dass 's Christkendla do war.

Oimol allerdings hot dr Vatr wohl vergessa, des Hei wegzomrauma und mir warat ganz entsetzt. Natürlich hand mir Angscht ghet, dass 's Christkendla it do war. D' Muattr hot eis tröschtet und hot gmoint, dass des Esala wohl in am andra Haus scha so viel

Hei kriat hot, dass es koin Hunger meah ghet hot.
Da Vattr hot sa drbei ganz scharf agluagat, denn 's
Hei-Verrauma wär ja sei Arbat gwe.
Weil mir des mit deam Hei für d' Esal als Kend so
guat gfalla hot, hau i des meina Kend o verzellt. Mir
hand ietz aber koina Kiah und koin Stall und folg-
lich o koi Hei, drum isch mei Ma allat mit oim von
da Kend am Namadag vom Heiliga Obat zom Opa
gfahra und hot an Beitl voll Hei gholat.
Oin Heiliga Obat wär i nia vergessa. Mei Ma isch
mit eisram ältaschta Bua, em Daniel, er wiad viel-
leicht drei oder vier Johr alt gwesa sei, zom Opa
gfahra. Dr Ma hot in dr Stuba denn mit Oma und

Opa an Kaffee trunka und da Bua hand sa mit mei'm jüngsta Bruadr, em Erich, dea domols siebzeh oder achzeh Johr alt war, in da Denna nausgschickt um a Hei. Mei Bruader, dea Siach, hot ietz em Bua verzellt, dass des Esala no viel liaber wia a Hei an Silo fressa däb. Natürlich hot ma no en dean Beitl koi Hei, sondern an Silo dau. Was heißt do Beitl, dr Erich hot em Daniel glei an leera Fuattermittlsack gholat, weil do mehr nei ging. Schließlich häb des Esala o an gheriga Hunger. No hot'r no zom Daniel gset, es wär o it schlecht, wenn er a bissla von deam Silo in d' Stuba dät, falls des Esala da Grend bei'r Tüar neistreckt, no hätt's henna o was zom Fressa.

Wia dr Ma und dr Bua hoimkomma send, war i grad no bei'r Nochbeira. Mi hot's glei gstellt, wia i beim Hoimkomma dean Silo vor dr Haustüar gseah hau. Es war wirklich a gheriga Haufa, schea verteilt auf meim frischputzta Pflaschtr und dea Saugstank! Aber richtig gstellt hot's mi erscht, wia i in d' Stuba komma bin. Do war no o no a Büschala Silo. Gottlob nemme so viel wia dussa, aber gstunka hot's grad no gnua.

Mit em Ma hau i nochat no gstritta, weil dea angeblich nix gmerkt häb. Zuadeam kenn er wegas seim Katarr o nix riacha und so überempfindlich miass i ja o meah it sei, hot a no gmoit.

Mein Bruader hau i am nächsta Tag recht gschimpft, aber des hot dean überhaupts it gstört, dea hot sich fichtig gfreit.

A Johr später bin i sicherheitshalber sell um 's Hei fürs Esala gfahra.

Ein trauriger Wunschzettel

Liabs Christkindla, du kennsch mi doch,
i bin 's Mariela, dean vom Koch.
I hau a ganz a groaßa Bitt,
i will bloß oins, mehr will i it.

Dr Papa kommt fascht nia meah hoi,
d' Mama lot a ganz alloi,
wenn a do isch, dond sa streita,
schreia dend sa no all beida.

Erscht hau i ghert, was d' Mama gset,
von ar Scheidung hot sa gredt.
Liabs Christkindla, stand mir doch bei,
weisch, i mag doch alla zwei,
hilf, dass sa sich mögat meah,
a anders Gschenk brauchsch mir it gea.

Dei Mariela

Weihnächta zur Kinderzeit

Mir warat sechs Kend drhoi. Zwei Buaba und vier Fehla. I war dia Dritt. Zescht Gertrud, dann dr Rudi, nochat i und noch mir d' Thea. Mir warat allat bloß anderthalb Johr ussanand. Vier Johr später send no d' Elfriede und drnoch dr Erich komma.

Oina von meina scheanschta Erinnerunga isch Weihnächta und ganz speziell dr Heilig Obat. Agfanga hot's aber scha am erschta Advent, do hot jeds von eis vier Kend, die kleina zwei send no in dr Schessa gflackat, an Adventskalendar kriat. Koin solcha mit Schokolad, des hot's domols no it gea. Bildla send hald rauskomma, jeden Tag a anders. Do hot's eis jeden Tag druf gfreit, auf des Bildla, wenn mer a Türla aufgmacht hand. Am Heiliga Obat war a greaßers Türla zom Aufmacha. I hau's allat schier it verwadat, bis ma des hot aufmacha derfa. I gib's o zua, in manchem Johr hau i o scha vorher neigspitzlat, weil i's oifach nemma verhebt hau. Meina Schwestra scha o, bloß dr Rudi hot des it dau, aber dea hot o sonscht nix dau, was ma it do derf.

An Adventskranz hammer natürlich o ghet. Dea hot jeds Johr gleich ausgluagat. Er war mit am roata Band an am roata Holzständar aufghängt. Mit deam gleicha Band o umwicklat und hot roata Kezla ghet. Zwischa jedam Kezla war a klois wunderscheas Engala. Wenn i heit dra denk, es warat bloß so kleina Plastikengala, dia hand unda an Spitz ghet, do hot ma's in da Kranz neigsteckt. Domols warat dia Engala für mi ganz ebbas Bsondrs. Mit deana

hau i sogar gredat. Wea von eis Kend in dr Advents-
zeit recht brav war und untertags gfolgat hot, hot am
Obat von dr Muattr oin Lamettafada kriat und an
da Adventskranz nahänga derfa. Jeds von eis Kend
hot sich oi Engala ausgsuacht und hot sein Fada an
sei Engala naghängt. Mei Engala hot natürlich jeds
Johr am wenigsta Lamettafäda umghängt ghet.
Rudis Engala hot's allat schier verdruckt, vor lauter
Lametta, des arma Engala, des arma. Dr Vatr hot
gset, wea am meischta Lamettafäda zematbringt,
dea kriat vom Christkindla am meischta. Aber des
hot Gott sei Dank it gstimmt.

Am Heiliga Obat hand mir Kend allat d' Krippa
aufgstellt. A Moos hammer scha vor's gschneit hot
im Wald dussa gholat. I weiß no ganz guat, dass mi
des Christkindla im Krippala deana so daurat hot,
weil's bloß a Windl aghet hot. Drom hau i's o
meischtens mit am kleina Sackduach zuadeckt.
Aber d' Gertrud und dr Rudi hand no gschimpft
und des Sackduach meah wegdau, des däb it passa,
hand sa gset, und zuadeam sei des Christkindla ja
bloß a Figur und it echt. Mir hot des Kendla trotz-
deam leid dau und drom hau i's o allat hoila meah
zuadeckt.

Um a fünfa rom hot dr Vatr eis Kend no ins Dorf
naufgfahra, mir hand ja außerhalb gwohnt. Im Dorf
hand beida Groaßmiattra gwohnt. Bei'r eschta, auf
deam Hof, wo mei Muattr her war, hot a eis abglie-
frat. No isch a meah hoim und in Stall ganga, wäh-
rend d' Muattr d' Bescherung hergricht hot.

Bei'r Groaßmuattr hot dann jeds Kend a Gschen-
kla kriat. Do send mer aber nia lang blieba, eis hot's

pressiert, zur nächsta Oma. Dia hammer nämlich besser kennt, die isch jeden Tag zua eis rakomma. Dia hot eis praktisch mit aufzoga. Mir warat o ihra oizaga Enkel, weil mei Vater ihr oizaga Bua war.

Wenn ma ver oina zur andra Oma ganga isch, hot ma durs ganza Dorf miassa. D' Oma hot neaba dr Kiacha gwohnt. Do war o 's Kriegardenkmol und neaba deam isch a Christbaum gstanda. Des war früahner in da 60gar Johr dr oinzig Christbaum, dea im Freia dussa gstanda isch. Heit hot ja bald jeda an Christbaum oder sonscht a Weihnachtsbeleuchtung im Garta oder vor dr Haustüar dussa. Domols war dea Christbaum ganz ebbas Bsonders. Mir Weilar-Kend hand dean Christbaum o bloß am Heiliga Obat beleuchtat gseah. Ins Dorf isch ma ja bloß am Vormittag komma, in d' Schual, oder am Sonntag in d' Kiacha. Do hand dia Kezla am Christbaum aber it brennt.

An deam Christbaum send mir Kend allat ganz andächtig schtauh blieba. Er war ja so groaß und wunderschea. Dea Christbaum war für mi fascht 's Scheaschta vo ganz Weihnächta. Er wiad mir o allat als wunderscheana Kindheitserinnerung im Gedächtnis bleiba. Es isch schad, dass d' Kend heitzutag so a herrlichs Erlebnis gar nemma hau kennat, weil's ja scha vom erschta Adventstag a im ganza Dorf, in jeder Stadt und in jedem Lada bloß no so wumslat vor lauter Weihnachtsdekoration, Lichtla und Christbäum.

Wenn mir dann zur Oma komma send, hot dia scha allat auf eis gwatat. I glob, dia hot's auf eis it weniger blangat, wia's eis auf sui und ihra Gschenkla

blangat hot. Eiser Oma war a ganz a liaba Frau, so
wia hald a richtiga Oma sei muass. Auf em Kaschta
deta war für jeds Kend a Gschenkla, schea hergrich-
tat. Von dr Oma hot's allat ebbas zom Spiela gea,
Gott sei Dank nia ebbas Nützlichs. Scha a paar

Wucha vor Weihnächta hand mir Kend mit dr Oma da Quellekatalog studiert und eis ebbas aussuacha derfa und des hot no d' Oma schicka lau. Oimol hau i an Doktrkoffer kriat, des weiß i no, und oimol a Puppa mit schwarza Hoar. Dia hot Erika gheißa und dia hau i sogar heit no. D' Erika und von meiner Schwester ihre heißgeliebte Romy, dia zwei Puppa send 's oizaga Schpielzuig, des eiser Kendheit überleabt hot. Eiser jüngster Bruader, dr Erich war technisch sehr begabt, dea hot alles auseinandermontiert, zerlegt, repariert und nia meah zematbrocht. Viela Sacha hot a o umgestaltet. Mei Puppawaga war irgendwann amol a Seifakischta.

Eiser Oma hot jeds Johr a scheana groaßa Krippa im Herrgottswinkel schtauh ghet. Ganz was Bsonders war 's Kamel von da Heiliga Drei König. So was hand mir in eiser Krippa it ghet. Wenn mer bei'r Oma a Zeitlang mit eisram nuia Spielzuig gspielt ghet hand, no hammer's scha schier nemma verwatat, bis eiser Vatr meah komma isch und mir meah hoimkomma send. D' Oma isch o mitgfahra und nochat war dohoim d' Bescherung. Dass 's Christkendla scha do war, hammer glei gmerkt, wenn mer in Hof neigfahra send. Nämlich dann, wenn 's Hei fürs Esala gfehlt hot, nochat isch 's Christkendla scha do gwesa.

Mir Kend hand allat vor mer fut send a Bischala Hei vor d' Haustüar naglegt, weil ma eis verzellt hot, dass 's Christkendla mit am Schlitta kommt, dean a Esala ziacht. Dass des Esala ebbas zom fressa braucht, seit 's Christkendla d' Gschenker neidrägt, isch ja klar.

D' Bescherung, dr Christbaum mit seina roata Kezla, natürlich echta aus Wachs, koina elektrische, des war allat oins von da scheaschta Erlebnisse vom ganza Johr. It amol dr Geburtstag war so schea. I ka mi no an viela Gschenker von domols erinnra. Oft a Puppa, i war doch a alta Puppamuattr, a Puppaschportwaga, a Kindernähmaschi mit Batterie, später no dia weißa hocha Stiefel, dia warat ganz modern und send fascht bis unters Knia raufganga, heitzutag ganz normal, domols ganz was Nuis. Oder mei erschta Handtäscha, mit Umhängeriema, o ganz was Nuimodisches, weil's früahner bloß Handdäscha mit am kurza Henkel gea hot.

Noch dr Bescherung hot's 's Obatessa gea. Broatwischt mit Kartoffelsalat und Semmel. Viela Johr lang war des bei eis 's Heiliga-Obat-Essa. Später, so in da 70gar Johr, wia nochat dia Brathähnchen modern woara send, hot's allat Göggala mit Pommes gea. Pommes hot ma detmols no sell aus da Kartoffel schnipfla miassa, des war a Feschtessa.

Am Heiliga Obat isch as nochat recht gmiatlich gwesa. Mir send in dr Stuba ghockat, d' Kezla am Christbaum hand brennt und mir hand Weihnachtsliader gsunga. Später hot's an Glühwein für dia Erwachsana gea und natürlich Laibla.

Um zwölfa war d' Christmetta. Des war scha allat lang zom Wata. Wia mir Kend alt gnua warat, hand mir aufbleiba derfa und mitgauh. D' Christmetta hot zwar meischtens zemla lang daurat, aber des hot nix ausgmacht. Wia schea und feschtlich war's, wenn am End vom Gottesdienscht alla Lichter in dr Kiacha ausganga send, bis auf dia an deana zwei groaßa Christbäum links und rechts vom Altar, und alla Leit mitnand „Stille Nacht, Heilige Nacht" gsunga hand. Do hau i leichtsam denkt, ietzt konnt d' Zeit für a Weila schtauh bleiba. Mi hot's zom Blära schea deicht.

Noch dr Kiacha send d' Leit auf em Kiachplatz schtauh blieba und d' Musikkappella hot vor em Kriagardenkmol Weihnachtsliader gspielt. Do war's bloß spärlich beleuchtet neaba em Christbaum det. Vo oim Johr weiß i no, dass es ganz fei und schea gschneit hot, richtig romantisch. Des war so ebbas Scheas. Schad, dass des heit nemma so isch. Heit spielt bei eis d' Musikkapella zwar allat no am Heiliga Obat, aber denna in dr Kiacha. Dia Romantik von domols fehlt.

Ja, so war mei Weihnächta, mei Heiliga Obat in dr Kinderzeit. Es hätt it scheaner sei kenna. Manchmol bin i traurig, dass es so viel von domols nemma geit, dass Weihnächta heit nemma so schea isch wia früahner.

Aber vielleicht bild i mir des o bloß ei, weil i hald heit erwachsa bin und dia sorglose Zeit dr Kindheit vorbei isch. I ka bloß hoffa, dass es für die Kind heitzutag o no so schea isch, wia für eis domols, und dass o eisra Kend in dreißg Johr saga kennat: „So schea wia früahner isch Weihnächta heit nemma."

Dr billig Truthahn

Weabars Resl, bua, dia hot's streng,
stoht schwitzend in dr Kucha denn,
viel Arbeit flackt no auf em Tisch,
weil morga Heilig Obat isch.

Gschenk eipacka, kocha, bacha,
do hot sa wirkla nix zom Lacha.
Dr Friedl, Resls Ehema,
dea isch drom o mit Helfa dra.

Zom Eikofa, des ka dea o,
an Zettl kriagt a sowieso.
D' Resl set: „Dua nix vergessa,
sonscht gibt's am Fescht a karges Essa."

Friedl kommt noch zwei Stund hoi,
bringt glei Tüar nemm auf alloi,
a riesen Schachtl in da Händ:
„Resl, mach an Platz ganz gschwend!"
Auf da Tisch dia Schachtl gschmissa
und ganz hudlig glei aufgrissa.

No ziacht a aus der Schachtl glei
an odrom Truthahn, heidanei,
aus frischer Schlachtung, zwölf Pfund schwer,
„Resl" schreit a, „luaga her!"

„Um Gottes Willa!", schreit sei Weib,
„ja, Ma, bisch du denn nem ganz gscheit,
a Wucha hammer do zom essa,
mir send zu zweit, hosch des vergessa!
Des Viech war zletscht no deir wia d' Sau,
was hand sa di do zahla lau?"

Dr Friedl lacht: „It wia ma denkt,
dea war so billig, fascht wia gschenkt.
Des war a super Angebot,
wenn ma bloß oin Hahn gnomma hot,
no zahlsch do fufzig Euro glei,
doch fünf wenn d' nemsch, no sparsch was ei,
semnavierzg koscht oir no bloß,
drei Euro gspart, des isch famos!"

Bei fünf so Truthähn send's sogar
fufzeh Euro, des isch klar.
No packt dr Friedl weiter aus,
es kommat no vier Truthähn raus.

Fünf Truthähn, dreißig Kilo Fleisch,
dia Resl dreht sich schier im Kreis
und fangt glei fichtig 's Schimpfa a:
„Ja, bisch doch du a dommer Ma!
So viel veressmer doch gar nia
und d' Gfriertruha isch voll und wia."

Dr Friedl fangt zom lacha a:
„Du moinsch, du hosch an domma Ma. –
Fufzeh Euro hau i gspart
und drmit no glei anzahlt
a Gfriertruha beim Fröschel duss,
und was dia koscht, hau i bald huß,
wenn i all Johr fünf Truthähn nem,
hau i des Geld in dreißg Johr hen!"

Dr verlora Geldbeitl

Es isch in da Weihnachtsferien gwesa, an Tag vor am Heiliga Obat. Do hot eiser Muattr mei Schwestr und mi am Nachmittag ins Dorf gschickt zum Eikofa. Ihr send no a paar Sacha aganga. I war domols zeha und d' Thea, mei Schwestr, war acht Johr alt. Von eis in Eschenau bis ins Dorf nauf, noch Oberthingau, warat's zwei Kilometr. Mir hand, wia allat, da Schlitta mitgnomma. Beim Naufweag hot a eis it viel gholfa, es isch ja allat naufganga. Aber im Hoimweag war dr Schlitta komot. Do war zeascht dia kloi Steig zum Raschlittla, dann isch as am Rank leicht raganga und zum Schluss isch no dia groaß Steig komma. Do hammer no it so viel lofa miassa. Mir Eschenauer Kend hand o allat, wenn mer in d' Schual naufglofa send, an Schlitta drbei ghet, zu da Schulränza nauflega, no hammer se it traga miassa. I weiß no oimol, do hand mir em Hoimweag mindaschtens acht Schulränza aufglada ghet. Von meina Gschwistra, von mir und von a paar Nochbarskend. An dr groaßa Steig send mer nochat no zu viert auf dia Schulränza naufghockat und wolltat d' Steig raschlittla. So guat wia dia dreiviertl Steig hammer gschafft ghet, no send mer neaba d' Stroß nausgschossa und eis hot' s alla mitanand nagwofa. Des wär ietz it so tragisch gwesa, wenn it neaba dr Steig a Bächla gwesa wär. Aber so send mer hald im Bächla gflackat. Dea war ietz it so tiaf, dass ma hätt versaufa kenna, na, des ita, aber bätschnass wara mer hald und eisra Schulränza send o gschwomma.

84

Dia Bücher und Hefter hand nett ausgluagat. Mei, hot ma eis dohoim globat!

Aber ietz ma zruck zu deam 23. Dezember, an deam mei Schwestr, d' Thea, und i mit em Schlitta ins Dorf naufglofa send zum Eikofa. D' Muattr wollt eis an Zettl mitgea, aber weil sa bloß sechs Sacha braucht hot, hand mir zwei gmoit, des wärat mir eis wohl merka kenna, mir seiat ja o it auf dr Brennsuppa drhea gschwomma. Jeda hot sich drei Sacha gmerkt. Thea war für da Zuckar, da Pfefferminztee und für da Honig zuaständig und i für d' Nudla, da Senf und d' Semmelbrösl.

D' Muattr hot eis da Geldbeitl mitgea und no gset, mir sollat eahn ja it verliera. Es sei frei a 50-Mark-schei denna, sie häb's leider it kleiner. Des war det-mols frei an Haufa Geld, viel mehr wia heit 50 Euro. Da Eikofskretta hammer auf da Schlitta gstellt und nochat isch ma losganga. Halba dob hot d' Thea mi gfrogat, ob i no wissa däb, was i mir merka miasst. „Logisch", hau i gset, „Nudla, an Senf und ... und ..." ja, was ietz wohl no, i hau's doch glatt nemma gwisst. Es war irgend so a langs Wort. „Pfefferminztee!, genau, des war's no, Pfefferminztee."

„Noi, noi, hot Thea glei gset, Pfefferminztee muass i mir merka, bei dir war des was anders." Des hau ietz i fascht it globa kenna, was hot no mei Schwester sonscht no ghet? „A Salz und an Honig", moint nochat d' Thea. „Oder war's a Zuckar?" Wia ma na alls so vergessa ka, in der kuza Zeit. Mei, wenn mer nem gnau wissat, ob Zuckar oder Salz, des dät mi ietz it so schlimm deicha, des luagat doch sowieso fascht gleich aus. Aber des langa Wort, wo mir no fehlt. Mir hand da ganza Naufweag überlegt, aber eis wär's it ums Verrecka eigfalla.

Mir send no scha doba im Lada gwesa und hand's allat no it gwisst. D' Thea hot no gset, dass sa an Pfefferminztee, an Zuckar und a Salz braucht und i hau gset, dass i Nudla und an Senf brauch. Mir hand denkt, des hilft ietz allat nix, wenn eis des dritta Wort von mir nemma eifällt. Sechs Sacha hätta mer braucht, jeda drei. Ietz send's hald in Gotts Nama bloß fünf. Mir hand zahlt, alls in eisran Kretta packt, dean auf da Schlitta gstellt und hand eis meah auf da Hoimweg gmacht. Mir warat scha a Stuck aus em Dorf dussa, do hot d' Thea zmol gmoit, dass sie sich doch no an Honig hot merka miassa. Erscht no, dr Honig fehlt. Aber wia geit's ietz des, mir brauchat sechs Sacha, hand fünf koft, und mit deam, was i vergessa hau und mit am Honig käma mer ja auf sieba Sacha. Ietz hammer eisran Einkauf erscht amol aus em Kretta raus und auf da Schlitta beigat. Nudla, Senf, Pfefferminztee, Zuckar und Salz. Hammer amend ebbas z'viel koft? Jawohl, mir hand Zuckar und a Salz, aber mir brauchat doch bloß Zuckar oder a Salz und dr Honig fehlt.

Also hammer alls meah in da Kretta beigat und hand meah umdreht. Vor am Lada doba luaga mer no auf da Schlitta. Jessas na, ietz isch dr Korb umgfalla und alls isch auf em Schlitta gflackat. Schnell meah alls eibeigat, aber hoppla, ietz send's bloß no vier Sacha, dr Zuckar hot gfehlt. Thea hot gmoit, dass des it so tragisch wär, dea isch eis hald rausgfalla, aber gwieß findat mir dean beim Hoimgauh meah und wenn ita, no hättat mer ja für alla Fäll des Salz.

D' Ladnara hot glei gfrogat, was mer vergessa häbat
und hot drbei a bissla gschmunzlat. „Da Honig"
hammer gset, hand en kriat, eipackt und send meah
los.

Mir hand ietz ganz gnau auf d' Stroß gluagat, ob mir
dean Zuckar it meah findat. Des war natürlich gar
it so oifach, dean weißa Zuckarpack auf dr weißa
Schneastroß zum finda. Durs Dorf naus und noch-
at warat's no guat hundert Metr auf dr Hauptstroß
zom lofa, drnoch isch a Kreuzung komma und dia

Neabastroß in d' Eschenau na. Und do, mitta auf dr
Kreuzung isch a gflackat, eiser Zuckar. Aber bua,
dea hot nemma bsonders guat ausgluagat, do isch
wohl a Auto driebergfahra. Dean hätt mer it amol
meah aufscherra kenna, dea war sauber verteilt.
A bissla hot's eis scha grausat, was wohl d' Muattr
set, aber vielleicht wollt sa ja gar koin Zuckar, son-
dern a Salz, no dät sa ja gar nix merka. Also send
mer weiterglofa, dia lang grad Strecka na. Ietz
war's no gar nemma so weit, bis zum kleina Steiga-
la, do wiad no ragschlittlat und von do weat's no a
halba Kilometer bis hoim sei. Do isch mer's no zmol
eigfalla.
„Semmlbrösl", hau i laut gschria, „Semmlbrösl!"
Thea isch stauh blieba, hot mi agluagat und gset:
„Du weischt scha, wia weit mir scha honda send,
oder?" Freila hau i des gwisst, aber des von da
Semmlbrösl hau i it vorher gwisst. Thea hot gmoit,
i kenn ja alloi zruckgauh, sie häb koi Luscht meah.
Des hot mi aber nochat frei scha gärgrat, schließlich
bin ja i wega ihram domma Honig o meah mit
zruckganga. Des muass i mir ietz aber it gfalla lau.
Drum hau i ihr no ganz freindlich gset, dass sich d'
Mama gwieß für dean verlorana Zuckar interes-
siert, des hot mei Schwester no restlos überzeugt
und sie isch doch no amol mit naufganga.
Hundsmiad wara mer no, wia mer meah in Lada nei
send. „Ja Fehla", hot d' Ladnara, d' Thekla, gset,
„hand dir nomal ebbas vergessa, dir warat doch
gwieß scha fascht dunda." Es war a netta Frau und
Mitleid hot sa mit eis ghet, vor allem nochat, wia
sich rausgstellt hot, dass ihr im Lada d' Semmelbrösl

ausganga send. Mir hand sogar jeda a Päckla „Riesen", dia zäha aber guata Guatsla gschenkt kriat, dia normalerweise 10 Pfennig koschtat hand.

Ietzt send mir zwei hald zom dritta Mol Richtung Heimat dabbat. Unterhalta hand mir eis nemma, obwohl mer sonscht im Schwätza guat gweasa send. Mir warat bloß no saumäßig miad und gfrora hot's eis, denn neabazu isch ganz schea kalt wora, 's isch ja scha fünfa zuaganga und dämmrig wora. Endlich wara mer meah an dr kloina Steig und i hau gset: „Du, Thea –." „Sei bloß still", hot dia glei gset, „wenn dir no ebbas eifällt, was mer vergessa hand, no kriagsch Schleg!" I hau no liaber nix meah gset, o it noch am Rank, erscht noch dr groaßa Steig, wo ma eiser Haus scha gsecha hot. „Du, Thea, wo isch eigentlich dr Geldbeitl, hosch dean du eigschoba?" „I – wiaso i", hot mei Schwestr gmoit, „du hosch doch zahlt." Alla zwei send mer ietz nervös wora, hand da Kretta dursuacht, dann eisra Kittl und Hosasäck, aber es war koi Geldbeitl meah do. Thea isch auf da Schlitta ghockat und hot blärat und weil i o koi bessra Lösung gwisst hau, hau i hald mitblärat. Über 40 Mark hand mir verlora, so an Haufa Geld. Mir hand eis glei gar nemma hoim draut. D' Muattr hätt eis iezt gwieß it ghaut, aber dea Jammer, 40 Mark warat hald domols oifach a Haufa Geld. „Mir miassat meah umdreha und da Geldbeitl suacha", hau i zur Schwester gset, „und wenn mer no so miad send, aber ohna des Geld drau i mi gar it hoim." Sie hot bloß no gnickt und mir zwei hand meah umdreht. Hoffentlich miass mer it so weit zruck, hau i denkt, denn es war frei aheb scha ganz schea dunkel.

Wia mer o gluagat hand auf dr Stroß, dea Geldbeitl isch nirgends gleaga. Mir send vor Miadsei allat langsamer glofa. Fascht dob im Dorf, vor ma von dr Neabastroß auf d' Hauptstroß neikomma isch, hammer da Geldbeitl allat no it ghet. Eis hand d' Füß so wea dau, mir hand schier nemma lofa kenna. Gfrora hot's eis, i hau d' Zeacha scha fascht nemma gspüart und 's isch allat no dunkler wora. I hau gar it dradenka derfa, dass mer dean Geldbeitl vielleicht gar it findat und an dean langa Weag, dean mer meah zrucklofa miassat, hau i scha glei gar it denka derfa.

Auf oimol hand mir hinter eis a Auto ghert. Auf der Stroß isch selten oins komma, do send fascht bloß d' Eschenauer gfahra. Mir send auf d' Seita ganga und wean secha mer do? Des war eiser Vatr. Er isch ausgstiega und hot gset: „Fehla, do send der ja, Gott sei Dank. Mir hand eis ja scha Sorga gmacht und wenn dr da Geldbeitl suachat, des brauchat dr nemm. D' Thekla aus em Lada hot agruafa und gset, dass dr dean bei ihr liega lau hand."

Vor Erleichterung hammer glei meah a bissla blärat. Warat mir froah und ietz hammer bei der Kälta und im Dunkla nemma hoimlofa miassa. Dr Vatr hot eis samt em Schlitta eiglada und mitgnomma.

D' Muattr war o froah, dass mer meah do gwesa send. Dass mer koi Semmelbrösl brocht hand und statt em Zuckar a Salz, do hot sa sogar lacha miassa. Sie hot gmoit, dass sa 's nächsta Mol glei da Vatr mit em Auto schickt, weil des amend doch gscheitr wär.

Dia Heilig Nacht

Es war so in da fufzgar Johr,
und dia Gschicht, dia isch frei wohr.
Ve Reamnatsriad no ganz weit naus,
do stoht alloi a Baurahaus.

Dr Haslar Sepp isch do dohoi,
mit seir Rosina fascht alloi.
Bloß d' Seffa, dia ghert no derzua,
sie war scha do, wia er a Bua,
hat Muatterstell einscht übernomma,
wie dia so früh ums Leaba komma.

Ma könnt iezt glücklich zfrieda leaba,
doch fehlt zom Glück dr Kenderseaga.
Scha zweimol in dr Hoffnung gwesa,
doch koi Kindla in dr Schesa.

Noch viela Johr isch meah so weit,
d' Rosina auf a Kind sich freit.
Am End vom Johr wär's an dr Zeit,
ma watat scha ganz voller Freid.

In deam Johr war dr Winter streng,
es schneit und schneit, it bloß a weng.
Vom zwanzigschta Dezember a,
do schneit es, was es schneia ka.

Dean Einödhof hot's bald eigschneit
und Schneapflüg hot's it gea wie heit.

Dr Sepp hot do koi Ruah drbei,
er denkt bloß allat, was dät sei,
wenn 's Kendla früaher komma dät,
bis d' Hebamm durkäm, wär's z'letscht z'spät.

Er schauflat frei, so viel a ka,
doch aussichtslos isch's für dean Ma.
Ins Dorf nei send's fünf Kilometr,
dean Weag freibringa bei deam Wettr,
des isch unmöglich, des isch klar,
weil des seit Johr und Tag so war.

's schneit weiter, 's kommt dia Heilig Nacht,
d' Seffa hot grad Broatwischt gmacht,
Bescherung hand sa o scha ghet,
do hot d' Rosina plötzlich gset:

„Mei, Wehen spür i, losat hea,
und dussa alles voller Schnea!"
Voller Angscht, sie zittrat glei,
soll's denn desmol meah it sei.

Sie will des Kind mit aller Macht –
und es war dia Heilig Nacht.

Dr Sepp, dea schlieft ganz weidla ei,
er will's probiera, es muass sei,
vielleicht isch doch a Durakomma,
er hot a Schaufl glei mitgnomma.

D' Seffa hot ma trösta höra:
„Komm Rosina, 's wiad scha wera.
Leg di na, i schtand dir bei,
so wia's kommt, so soll es sei.

Denk dra, in Betlehem im Stall,
des war doch o koi leichter Fall.
D' Maria hot doch o nix ghet
und guat isch ganga, domols, det.

Und heit isch meah dia Heilig Nacht,
wisch seah, a Stera gwieß scha wacht."

D' Rosina, dia hot sich meah gfanga
und hot bloß ghofft, es wiad scha ganga.
Dr Sepp kommt zruck, er stoht ihr bei,
da Weag bringt a auf koin Fall frei.

Dia Stunda ziachat endlos lang,
alla drei isch Angst und Bang.
Dr Schnea fällt dussa lautlos, leis,
so weit ma sieht, isch alles weiß.

Dunkelheit hüllt ei dia Pracht –
und es isch dia Heilig Nacht.

Es goht scha bald auf zwölfa zua,
do isch a do, dr Kloi, dr Bua.
Dr erschte Schrei, am Bua alls dra,
d' Rosina glücklich lacha ka.

A Glockaleita zmol erklingt,
im Dorf dund d' Christmetta beginnt,
em Jesuskind wiad heit gedacht –,
denn es isch dia Heilig Nacht.

Dr Sepp hot Träna glei im Gsicht,
er isch so froah, er schämt sich nicht,
und d' Seffa blärat no drzua,
im Körbla dinna schloft dr Bua.

An Christian hot ma no gmacht –,
denn es war dia Heilig Nacht.

Dr letscht Hoimweag

D' Flocka fallat dicht und leis,
Häuser, Stroßa, alles weiß.
Liachterglanz da Ort erhellt,
Weihnachtszauber auf dr Welt.

Heilger Obat, Heiliga Nacht,
es hot sich auf da Weag grad gmacht,
ganz alloi, a alta Ma,
neamat weiß warum, wona.
Koiner siet ihn, nemmt ihn wohr,
dean alta Ma mit graua Hoar.

Seit langa Johr isch er alloi,
denn Verwandta hot a koi.
Dr Bua und d' Frau seid viel Johr doat,
o finanziell a arga Noat.
Neamad frogat: „Wo gohsch denn na",
wea sieht eahn scha, dean alte Ma.

Im Park a Bank, do hockt a na,
d' Glocka fangat 's Leita a.
Dr Heiland isch gebora heit –,
d' Flocka fallat leis, es schneit.

Dea Ma, dea faltet seina Händ,
dia steif und kalt scha gfrora send.
Er denkt an d' Frau und an sein Bua,
er sieht's – sie winkat eahm grad zua,

do doba, bei deam hella Schei,
do sieht ma's winka alla zwei.
Dea Schei erstrahlt zom hella Licht,
a Lächla auf deam Ma seim Gsicht.

Dr Tag erwacht und d' Nacht goht hoi,
do hot man gfunda, ganz alloi.
Erfrora, auf dr Bank im Schnea,
doch hot ma no des Lächla gseah
vom Ma, dea in dr Heiliga Nacht
sich auf da letschta Hoimweag gmacht.